PRÉALABLES A LA

RECONSTRUCTION DU PROTO-TCHADIQUE

LACITO - documents

AFRIQUE

2

Jean-Pierre CAPRILE et Herrmann JUNGRAITHMAYR
(éditeurs)

PRÉALABLES A LA
RECONSTRUCTION DU PROTO-TCHADIQUE

Groupe de travail sur les langues tchadiques
22-24 septembre 1977
IVRY

LP 3.121 du CNRS — Programme Ju 34/19 de la DFG

PARIS - SELAF
1978

GROUPE DE TRAVAIL SUR LES LANGUES TCHADIQUES

LABORATOIRE DE LANGUES ET CIVILISATIONS
À TRADITION ORALE (LP 3.121 DU CNRS)
27, RUE PAUL BERT - 94200 IVRY

PROGRAMME JU 34/19 DE LA
DEUTSCHE FORSCHUNG GEMEINSCHAFT

AVEC LA PARTICIPATION DE :
D. BARRETEAU, P. BOUNY, C. CAÏTUCOLI, J.-P. CAPRILE,
K. EBERT, F. JOUANNET, H. JUNGRAITHMAYR, S. RUELLAND,
M. SACHNINE, K. SHIMIZU, H. TOURNEUX.

ISBN n° 2.85297.022-8

© SELAF-PARIS, 4ème trimestre 1978.

SOMMAIRE

HERRMANN JUNGRAITHMAYR ET JEAN-PIERRE CAPRILE

INTRODUCTION

La collaboration entre des linguistes de l'Université de Marburg, en Allemagne Fédérale, travaillant dans le programme sur les langues tchadiques dirigé par le Professeur H. JUNGRAITHMAYR et financé par la D.F.G. (Communauté Allemande de Recherche Scientifique), des linguistes de l'Université du Tchad et des linguistes du LP 3.121 du C.N.R.S., a commencé en 1971 entre les deux éditeurs de ce volume à l'occasion d'une enquête sur le terrain au Tchad. Elle a déjà permis la publication de plusieurs livres et articles.

Citons le plus récent : Cinq textes tchadiques (Cameroun et Tchad) présentation linguistique, 247 p., paru à Berlin en 1978 au Verlag Dietrich Reimer, qui a été élaboré à l'occasion des séjours de différents chercheurs français au sein du Département d'Etudes Africaines de l'Université de Marburg.

Suite à ces séjours il avait été décidé d'organiser une réunion franco-allemande sur les langues tchadiques au Centre de Recherche Pluridisciplinaire du C.N.R.S. d'Ivry, du 22 au 24 septembre 1977.

Cette réunion se proposait d'être l'occasion d'une confrontation méthodologique entre l'approche "descriptiviste" et l'approche "interlinguistique" (interférences linguistiques) des chercheurs de l'Université du Tchad et du LP 3.121 du C.N.R.S. d'une part, et l'approche beaucoup plus "comparativiste" de ceux de Marburg d'autre part.

En effet, en 1971, lors de leur première mission commune sur le terrain, destinée à recueillir des documents essentiellement lexicaux sur les langues tchadiques du Tchad, les deux auteurs de ces lignes avaient, par souci d'efficacité, renoncé volontairement à la description monographique approfondie au profit du recueil extensif de matériel, dans la perspective d'un "survey".

Le matériel ainsi recueilli était destiné à des études historiques comparatives et devait être utilisé surtout dans le cadre du Tschadischer Wortkatalog de Marburg :

1°/ pour démontrer un apparentement de type génétique entre différentes langues supposées appartenir à une famille tchadique;

2°/ pour établir le degré plus ou moins grand de parenté de ses différentes langues par rapport à une "langue mère" ou prototchadique.

Il convenait donc de faire subir à ce matériel une vérification et une analyse le rendant apte à un travail comparatif. Ce préalable apparaissait d'autant plus nécessaire que la "langue mère" (qu'il s'agisse d'une seule langue ou d'un ensemble linguistique déjà diversifié) des langues tchadiques ne nous est connue par aucun document écrit. On se trouve donc dans l'obligation de reconstruire un état de langue ancien hypothétique à partir de ce que nous connaissons des "langues filles". Les formes restituées de "proto-langue" ne seront donc valables que dans la mesure où la reconstruction aura suivi une méthode rigoureuse à partir d'un matériel de base lui même dûment vérifié.

Nous avons décidé de concentrer les efforts sur l'analyse morphologique et le repérage des interférences lexicales pour les langues dont la transcription phonétique et l'analyse phonologique paraissaient suffisantes.

La première journée, deux chercheurs de Marburg, H.JUNGRAITHMAYR et K. SHIMIZU ont tout d'abord exposé les premiers résultats atteints et les difficultés rencontrées dans l'application de la méthode comparative au domaine tchadique. Ils ont accordé une importance particulière à la procédure d'établissement de correspondances régulières et ont présenté des essais de reconstruction de 225 unités en proto-tchadique.

Puis plusieurs enseignants et chercheurs de l'Université de Marburg, de l'Université du Tchad, de l'Université de Nice, de l'ORSTOM et du LP 3.121 (D. BARRETEAU, P. BOUNY, C. CAITUCOLI, K. EBERT, H. TOURNEUX) ont présenté des communications traitant de la morphologie du nom et/ou du verbe dans les langues tchadiques qu'ils étudient. Ils ont accordé un soin spécial aux procédés de dérivation et de composition, d'affixation et de flexion ou alternance (vocalique, consonantique, tonale; productifs ou non productifs) en prenant leurs exemples, dans la mesure du possible, parmi les 225 unités ayant fait l'objet de tentatives de reconstruction.

L'après midi de la seconde journée a été consacré à trois communications présentant un travail collectif préparé au sein de la section 7 "socio-linguistique et contacts de langue" du Département Afrique du LP 3.121. Ces exposés, présentés par une enseignante de l'Université de Créteil (S. RUELLAND) et trois chercheurs du LP. 3.121 (P. BOUNY, J.P. CAPRILE et F. JOUANNET) visaient à repérer les cas d'interférences linguistiques entre le domaine linguistique tchadique et des langues appartenant à d'autres domaines linguistiques (Adamawa, Saharien, Soudanais Central) en comparant deux à deux langues tchadiques et langues non tchadiques géographiquement voisines.

La matinée du samedi a été utilisée à présenter des faits qui, sans avoir fait l'objet d'une communication structurée, ont cependant été exposés au cours de discussions. Ces faits et discussions ont été repris dans la dernière partie de ce recueil ou intégrés dans la rédaction définitive de certaines communications.

Claude GOUFFÉ, Professeur à l'Ecole des Langues Orientales de Paris, a présenté une communication "Problèmes connexes de phonologie diachronique, de morphologie et de lexicologie comparée dans la reconstruction d'une langue tchadique : cas des pronoms personnels en kanakuru", qu'il n'a malheureusement pas été possible de publier ici. En effet, l'auteur a exposé sous une forme encore provisoire les premiers problèmes soulevés par une étude en cours, dont la forme définitive avait été promise à un autre éditeur en raison d'un engagement pris avant l'annonce de la tenue de notre réunion.

Il nous faut encore signaler les interventions extrêmement intéressantes de Serge SAUVAGEOT, Professeur à la Sorbonne Nouvelle, de Jacqueline M.C. THOMAS, Luc BOUQUIAUX (LP 3.121) et Suzy PLATIEL (E.R.A. 246), Chercheurs au C.N.R.S., interventions qui ont été intégrées dans le texte des communications chaque fois que cela a été possible.

Il nous faut remercier Jacqueline THOMAS, Directeur du LP 3.121 et Luc BOUQUIAUX, Responsable du Département Afrique du LP 3.121 dont la volonté de faire de cette rencontre une réussite nous a été d'une aide précieuse.

Notre reconnaissance va à Gabriel PICARD, Administrateur du Centre de Recherche Pluridisciplinaire du C.N.R.S., dont le bienveillant appui a permis le bon déroulement matériel de nos réunions dans les locaux qu'il a mis à notre disposition à Ivry.

Ndjaména, février 1977

Jean-Pierre CAPRILE   H. JUNGRAITHMAYR

V O R W O R T

Die Zusammenarbeit zwischen Afrikanisten der Universität Marburg
in der Bundesrepublik Deutschland, die an von Professor H. Jungraithmayr geleiteten Forschungsprojekten der Deutschen Forschungsgemeinschaft beteiligt sind, und Linguisten der Universität des Tschad, N'Djamena, sowie des Centre National de la Recherche Scientifique, Paris,
hat im Jahre 1971 zunächst in Form einer von den beiden Herausgebern
gemeinsam durchgeführten Feldforschung im südlichen Tschad ihren Anfang
genommen. Inzwischen sind aus dieser Zusammenarbeit mehrere Veröffentlichungen hervorgegangen, von denen die zuletzt erschienene hier zi-
tiert sei: Cinq textes tchadiques (Cameroun et Tchad). Présentation
linguistique, 297 S., 1978, im Verlag Dietrich Reimer, Berlin, er-
schienen; die einzelnen Beiträge dieses Sammelbands sind während des
Aufenthaltes mehrerer französischer Wissenschaftler an der Afrika-
nistischen Abteilung der Universität Marburg entstanden.

Im Anschluß an diese Arbeitsbesuche in Marburg wurde der Ent-
schluß gefaßt, vom 22. bis 24. September 1977 eine deutsch-französi-
sche Konferenz über die Tschadsprachen im Centre de Recherche Pluridisciplinaire des C.N.R.S. in Ivry zu veranstalten.

Diese Veranstaltung bot Gelegenheit für eine Begegnung der einer-
seits mehr deskriptiv und "interferenzlinguistisch" ausgerichteten
Arbeitsmethoden der Wissenschaftler von der Universität des Tschad und
des Programms 3.121 des C.N.R.S. mit den vor allem komparativ-histo-
risch orientierten Methoden der Marburger Kollegen auf der anderen
Seite.

Im Jahre 1971 hatten die Unterzeichneten während ihrer ersten ge-
meinsamen Feldforschung, die der Erhebung vor allem von Grundwortmate-
rial aus einer größeren Zahl von Tschadsprachen in der Republik Tschad
dienen sollte, bewußt - weil im Interesse einer weiträumigen Survey-
Arbeit - zunächst auf die Anfertigung vertiefter Einzelstudien ver-
zichtet, um in der verfügbaren Zeit möglichst viele vergleichbare
Daten aufnehmen zu können. Die auf diese Weise erhobenen Vokabularien
wurden dem Tschadischen Wortkatalog in Marburg zur weiteren Auswertung
zugeleitet; sie dienen erstens als Grundlage für den systematischen
Nachweis genetischer Verwandtschaft zwischen den in Frage stehenden
Tschadsprachen und zweitens der Bestimmung der unterschiedlichen ver-
wandtschaftlichen Stellung der einzelnen Sprachen in Bezug auf eine
hypothetische, gemeinsame Ausgangs- oder Ursprache.

Um dieses Material für eine vergleichende Untersuchung er-
schließen zu können, war es erforderlich, es einer genauen Über-
prüfung und Analyse zu unterziehen. Diese Voraussetzung erschien umso
notwendiger, als uns jene Ausgangssprache oder -sprachen durch keiner-
lei geschriebene Dokumentation bekannt ist/sind. Man ist bei der Re-
konstruktion des Zustandes einer solchen hypothetischen sprachlichen
Frühform ganz darauf angewiesen, was uns die "Tochtersprachen" über-
liefert haben. Die rekonstruierten Formen dieser Frühform (Proto- oder
Ursprache) können also nur insoweit Geltung beanspruchen, als die Re-
konstruktionsarbeit methodisch exakt auf einer Materialbasis durchge-
führt wird, die ihrerseits fest abgesichert ist.

Es war für die Konferenz ins Auge gefaßt worden, das Schwerge-
wicht auf morphologische Analysen sowie auf die Feststellung lexi-
kalischer Interferenzen in solchen Sprachen zu legen, deren phone-
tischer Aufnahme- und phonologischer Bearbeitungsstand uns dafür als
hinreichende Grundlage erschien.

Am ersten Tag legten H. Jungraithmayr und K. Shimizu die bisher
erzielten Ergebnisse sowie die bei der Anwendung der komparativen
Methode auf die Tschadsprachenfamilie entstandenen Probleme dar. Sie
legten dabei besonderen Wert auf die Forderung nach Etablierung regel-
mäßiger Lautgesetze; dabei führten sie eine Reihe von Versuchsbei-
spielen von den insgesamt 225 Einheiten prototschadischer Rekonstruk-
tionen vor.

Anschließend haben Hochschullehrer und Wissenschaftler von der
Universität Marburg, der Universität des Tschad, der Universität Nizza,
des O.R.S.T.O.M. und des Forschungsprogramms LP 3.121 des C.N.R.S,
(D. Barreteau, P. Bouny, C. Caitucoli, K. Ebert, H. Tourneux) Vorträge
zur Morphologie des Nomens und/oder des Verbs derjenigen Sprachen ge-
halten, die z.Z. jeweils ihren Forschungsgegenstand bildeten. Besondere
Aufmerksamkeit wurde dabei der Derivation und der Komposition, der
Affigierung und der Flexion oder Alternanz (vokalischer, konsonantischer
oder tonaler, produktiver oder nicht produktiver Natur) gelegt; die
dafür nötigen Beispiele wurden so weit wie möglich von dem Bereich
der 225 lexikalischen Einheiten genommen, deren versuchsweise Rekon-
struktion eingangs vorgestellt worden ist.

Der Nachmittag des zweiten Konferenztages war drei Vorträgen ge-
widmet, die aus einer Gemeinschaftsarbeit der Sektion 7, "Soziolingu-
istik und Sprachkontakte", der Afrika-Abteilung des LP 3.121 stammte.
Diese Referate, von S. Ruelland, Dozentin der Universität von Créteil,
sowie drei Forschern des C.N.R.S., P. Bouny, J.-P. Caprile und F.
Jouannet, vorgetragen, zielten auf eine Untersuchung linguistischer
Interferenzen zwischen dem Tschadischen und benachbarten nicht-tschad-
ischen Sprachgruppen (Adamawa, Saharanisch, Zentralsudanisch) ab,
wobei jeweils zwei nichtverwandte, jedoch benachbarte Sprachen mit-
einander verglichen wurden.

Am Vormittag des dritten Tages war Gelegenheit zu Diskussions-
beiträgen, die die behandelten Gegenstände vertiefen und ausführlicher
begründen sollten. Sie sind entweder in den dritten Teil dieser Ver-
öffentlichung aufgenommen oder in die endgültige Fassung des betreffen-
den Referats eingearbeitet worden.

Claude Gouffé, Professor an der Ecole des Langues Orientales in
Paris, hielt einen Vortrag über "Problèmes connexes de phonologie
diachronique, de morphologie et de lexicologie comparée dans la reconstruction d'une lange tchadique: cas des pronoms personnels en

kanakuru", der leider in diesem Sammelband nicht zur Veröffent-
lichung gelangen kann. Der Autor hat darin Fragen aufgeworfen, denen
er bei der Ausarbeitung einer über dieses Thema in Vorbereitung be-
findlichen Studie begegnet ist; die endgültige Fassung dieser Arbeit
wird von anderer Seite herausgegeben, der der Autor bereits seit der
Zeit vor Bekanntwerden unseres Veranstaltungstermins verpflichtet ist.

Es ist schließlich auf die besonders interessanten Diskussions-
beiträge von Serge Sauvageot, Professor an der Sorbonne Nouvelle,
Jacqueline M.C. Thomas, Luc Bouquiaux (LP 3.121) und Suzy Platiel
(E.R.A. 246), Wissenschaftler des C.N.R.S., hinzuweisen; diese Beiträge
und Anregungen fanden nach Möglichkeit in den Texten der jeweiligen
Vorträge Aufnahme.

Frau Jacqueline Thomas, Direktor des LP 3.121, und Herrn Luc
Bouquiaux, Leiter der Afrika-Abteilung des LP. 3.121, ist für die
freundliche Unterstützung, die sie dieser Konferenz haben angedeihen
lassen, herzlich zu danken.

Wir sind schließlich auch Herrn Gabriel Picard, dem Administrator
des Zentrums für Pluridisziplinäre Forschung im C.N.R.S., zu Dank
verpflichtet dafür, daß er uns freundlicherweise die Räumlichkeiten
in Ivry zur Verfügung stellte, in denen unsere Tagung stattfinden
konnte.

N'Djamena, im Februar 1977.

Jean-Pierre Caprile   Herrmann Jungraithmayr

I. L'APPLICATION DE LA MÉTHODE COMPARATIVE
AU DOMAINE TCHADIQUE

HERRMANN JUNGRAITHMAYR

LES LANGUES TCHADIQUES ET LE PROTO-TCHADIQUE: DOCUMENTATION, ANALYSE ET PROBLÈMES

Remarques préliminaires

Cette réunion ainsi que son thème général "Racine et
Affixes en Tchadique" s'est développée de divers entretiens
que le rapporteur a menés avec son collègue Jean Pierre C a -
p r i l e lors de son séjour à Marburg en mars et juin 1977.
M. Caprile a eu la gentillesse d'accepter la charge des pré-
paratifs de la réunion sur place. Nous l'en remercions sin-
cèrement. Nos remerciements vont également à Mme Jacqueline
Thomas, Directeur du LP 3-121 du CNRS, et à M. Luc Bouquiaux,
Directeur du Département Afrique du LP 3-121 du CNRS, qui
suivent nos activités avec beaucoup d'intérêt et sympathie.
Nous remercions également le Centre National de Recherches
Scientifiques ainsi que la Deutsche Forschungsgemeinschaft
qui ont inclu notre rencontre dans leur programme d'échange
scientifique; tant que je sache, c'est la première fois dans
l'histoire des relations franco-allemandes qu'on présente un
programme coopératif dans le domaine des études africaines.
Enfin, c'est vous, chers collègues, qui méritez un mot de
remerciement: malgré le bref délai qui s'est passé entre
l'invitation et le jour de la réunion actuelle vous avez
suivi notre invitation et même préparé des communications.

Le thème général de la réunion

La raison principale pour avoir choisi ce sujet repose
sur l'expérience suivante: En travaillant sur la reconstruction des racines lexicales nous nous sommes aperçus après peu
d'analyses qu'un des graves problèmes qui peuvent compliquer

ou empêcher une reconstruction solide c'est l'identification
des radicaux d'une racine lexicale. Un exemple bien connu est
le lexème hausa kàréé "chien", dont le pluriel est kárnúkà.
Sans connaître cette forme du pluriel, on ne pourrait pas
déterminer exactement la racine, c'est-à-dire les radicaux
de ce lexème, qui sont KRN; dans la forme du singulier le
troisième radical est "perdu", c'est-à-dire qu'il a été ab-
sorbé par la longue voyelle finale -éé. Voici un autre exemple:
le verbe hausa tsúgùnáá "s'accroupir", où les radicaux semblent être TsGN; mais une étude approfondie des mots commençant par tsu-/tsi- en hausa montre clairement qu'il s'agit
d'un préfixe fossilisé signifiant "petit, petitesse" etc. qui
était préfixé à la racine historique $^+$gn qui se trouve actuellement comme gun en ron et comme gən en berbère; probablement
il est apparenté avec l'araméen GHN qui porte le même sens.
(Cf. Jungraithmayr 1971).

Ces exemples montrent que la connaissance profonde des
langues comparées - de leur phonologie ainsi que de leur morphologie synchronique et diachronique - serait une condition
idéale pour le travail comparatif. C'est donc ici que le comparativiste a besoin du descriptiviste, de ses connaissances de
la structure phonologique et morphologique d'une langue donnée.

Prenons un autre exemple: "l'oreille"

hausa	kûnnéé
kera	kosoŋ
kwang	sam.

Kera et kwang ont en commun un préfixe k-, inter alia pour mar-
quer les noms des parties du corps, par exemple kera kor, kwang
kuwaar "sang". D'autres langues est-tchadiques, où la racine se
présente clairement comme BR, nous démontrent que les formes en
kera et kwang sont composées d'un préfixe k- et de la racine
tchadique BR. Alors dans le cas de "l'oreille" est-ce-qu'il
s'agit du même préfixe k- en kera ou non? Si oui, le kwang
aurait-il perdu le préfixe? Si non - et il paraît que non -
les réflexes en hausa et kera pourraient être considérés comme
apparentés si nous proposons une racine hausa $^+$ksn (> knn).
Selon une telle explication, le sam du kwang appartiendrait à
une autre racine tchadique. La question n'est donc pas encore

résolue. C'est ici que le comparativiste dépend des analyses
morphologiques et historiques encore plus nombreuses de la part
des spécialistes descriptivistes qui permettraient une segmentation adéquate du lexème.

Le "Catalogue lexical tchadique" - analyse et problèmes

Sur la base de collections lexicales recueillies entre
1970 et 1976 dans le cadre du projet "Catalogue lexical tchadique", soutenu par la Deutsche Forschungsgemeinschaft, le travail de la comparaison des lexèmes était commencé par mon colla-
borateur Kiyoshi Shimizu et moi-même en 1977. Aujourd'hui nous
pouvons présenter quelques remarques sur l'organisation et la
méthode de ce travail ainsi que quelques premiers résultats
accomplis dans les huit mois de notre collaboration.

La classification des langues tchadiques se présente
actuellement ainsi[1] (voir appendice 1).

Les 27 groupes de langues (symbolisés par deux majuscules)
sont représentés par 77 "langues de test" et par quelques cin-
quante "langues de référence" (symbolisées par quatre majuscules);
pour ce regroupement voir appendice 2.

Bien que le Catalogue comprenne plus de 800 items lexicaux
nous avons décidé de limiter le nombre des lexèmes à comparer à
225 dont la majorité appartient au vocabulaire "de base". Pour
chaque lexème une "liste des mots comparés" (comparative word-
list) était préparée, qui permettait de réunir des séries de
lexèmes vraisemblablement apparentés. Pour chaque série une première forme de la racine commune était reconstituée ("pseudo-
reconstruction", "tentative reconstruction"), dont la validité
avance avec l'amélioration de nos méthodes d'analyse ainsi que
de notre connaissance des lois phonologiques. Nous avons marqué
par la lettre A la série comprenant le plus grand nombre de réflexes, par B la deuxième série et ainsi de suite.

---

[1] La nomenclature sur les tableaux suivants est en anglais, parce-
qu'ils sont reproduits d'un manuscrit rédigé en anglais (H. Jungraithmayr and K. Shimizu 1977).

La moyenne des séries ou racines reconstituées pour un lexème
(sémème) se monte à trois, quatre ou cinq; p. ex. "laugh/
rire/lachen" comprend trois séries: A $^+$$\underline{gms}_2$, B $^+$$\underline{s(w)r}$ et C
$^+$$\underline{dr}$ dont le A seulement est répandu dans toutes les trois
sous-familles (Ouest, Centre et Est). La répartition et
l'expansion d'une série ou racine est indiquée à droite de
la page; voir quelques exemples dans l'appendice 3.

Si la relation génétique entre deux racines proposées
est probable mais pas (encore) prouvable, ces deux racines
sont bien signalées par la même lettre, mais la deuxième racine (d'une répartition moins grande) est marquée en plus par
un indice; p. ex. "fish/poisson/Fisch"; B $^+$$\underline{gs}$, B_1 $^+$$\underline{k^ws}$. Dans
le cadre de notre présentation nous parlons içi de "sous-
racines" (sub-roots). On peut dire qu'elles restent dans cet
"état d'attente" jusqu'à ce qu'une connaissance plus approfondie des lois phonologiques nous permette de les classer
comme appartenant aux racines principales ou bien de les
considérer comme racines différentes, c'est-à-dire A_1 devien-
drait soit A soit B. La compréhension des lois phonologiques
qui règne dans les relations entre les réflexes des langues
comparées est souvent rendue difficile par des causes historiques dont la nature n'est pas connue. Quelques-uns des ces
"facteurs historiques" (historical factors) sont traités par
mon collègue K. Shimizu dans ce volume. Un problème, que
Shimizu n'a pas touché, n'est pas facile à resoudre et nous
occupera encore pendant quelque temps: c'est le fait qu'une
famille de langues ne suit pas seulement un système de lois
phonologiques mais qu'elle a incorporé d'autres lois qui
résultent des divers contacts qu'elle a eus pendant son
développement; autrement dit: chaque emprunt, même celui
d'un grand âge, n'apporte pas seulement le matériel et le son
du mot, mais en principe également l'effet des lois phonologiques de la langue ou de la famille de langues d'où il est
emprunté.[1]

---

[1]
Nous remercions Monsieur le Professeur Otto Rössler qui a atti-
ré notre attention sur ce phénomène et sur plusieurs autres.

Bibliographie

Ebert, Karen H., Sprache und Tradition der Kera (Tschad),
        Teil II: Lexikon/Lexique, Berlin 1976. (Marburger
        Studien zur Afrika- und Asienkunde. Serie A: Afrika,
        Band 8).

Jungraithmayr, H., "Reflections on the root structure in
        Chadohamitic (Chadic)", Ann. Univ. Abidjan, Série
        H (Linguistique), Fasc. hors série, Vol. 1, Abidjan
        1971.

Jungraithmayr, H., Lexique kwang. Marburg (en préparation).

Jungraithmayr, H., K. Shimizu, Chadic Lexical Roots - Documen-
        tation, Analysis and Reconstruction, Marburg 1977
        (Manuscrît).

APPENDICE 1

CHADIC :

Sub-families (3)	Branches (7)	Groups (27)
	a. WEST CHADIC PROPER	1. HA (HAUSA)
		2. SG (SURA-GERKA)
		3. RN (RON)
I. WEST CHADIC		4. BT (BOLE-TANGALE)
	b. BAUCHI-BADE	5. NB (NORTHERN BAUCHI)
		6. SB (SOUTHERN BAUCHI)
		7. BN (BADE-NGIZIM)

----

	c. GONGOLA-HIGI	8. TR (TERA)
		9. BM (BURA-MARGI)
		10. HG (HIGI)
		11. BA (BATA)
		12. LM (LAMANG)
II. CENTRAL CHADIC		
	d. HILL	13. MD (MANDARA)
		14. SU (SUKUR)
		15. MM (MATAKAM)
		16. DB (DABA)
		17. GD (GIDAR)
	e. RIVERAIN	18. KT (KOTOKO)
		19. MU (MUSGU)
		20. MS (MASA)

----

	f. SOUTHERN	21. KK (KWANG-KERA)
		22. LA (LAI)
III. EAST CHADIC		23. SM (SUMRAY)
	g. NORTHERN	24. SK (SOKORO)
		25. DM (DANGLA-MIGAMA)
		26. MK (MOKUL)
		27. MT (MUBI-TORAM)

APPENDICE 2

Groups	Test Languages	Further Reference Languages
1. HA	11 HAUS = Hausa (1)	GWAN = Gwandara (2)
2. SG	21 SURA = Sura (38)	ANGS = Angas (4)
	22 TAL = Tal (15)	KOFR = Kofyar (10)
	23 YIWM = Yiwom (Gerka) (19)	MUSH = Mushere (12)
		CHIP = Chip (13)
		GOEM = Goemai (Ankwe) (14)
		MONT = Montol (16)
3. RN	31 FYER = Fyer (41)	TMBS = Tambas (41)
	32 DAFF = Daffo-Butura (42)	CHAL = Challa (43)
	33 BOKS = Bokos (43)	RSHA = Sha (44)
	34 KULR = Kulere (45)	
4. BT	41 TANG = Tangale (20)	GERA = Gera (25)
	42 DERA = Dera (Kanakuru)	DENO = Deno (27)
	- Shellen (22)	KUBI = Kubi (28)
	43 KARK = Karekare (24)	GALM = Galembi (30)
	44 GERM = Gerum(awa) (26)	NGAM = Ngamo (32)
	45 KIRF = Kirifi (29)	MAHA = Maha (33)
	46 BOLE = Bole (31)	BELE = Kwam (Hoffmann)
		Bele (Schuh) (34)
5. NB	51 WARJ = Warji (51)	
	52 TSAG = Tsagu (52)	
	53 KARY = Kariya (53)	
	54 MIYA = Miya (54)	
	55 PA'A = Pa'a (55)	
	56 SIRI = Siri (56)	
	57 MBUR = Mburke (Skinner)	
	Barke (Hoffmann) (57)	
	58 JIMB = Jimbin (58)	
	59 DIRI = Diri (59)	

Groups	Test Languages	Further Reference Languages
6. SB	61 BOGH = Boghom (Burrum) (60)	ZUL = Mbarmi (Gowers) (61)
	62 KIR = Kir (65 b)	BARA = Baram (Gowers) = Barang (62)
	63 TALA = Tala (68 d)	
	64 JIMI = Jimi (Gowers) (67)	BUU = Buu (64 c)
	65 GURN = Guruntum (68)	BALR = Bala(r) (65 a)
	66 GEJI = Geji/Gyaanzi (64)	NYAM = Nyamzah (66 b)
	67 BULI = Buli (66)	MBAR = Mbaru (68 d)
	68 TULE = Tule (72 c)	POSə = Posə (69 c)
	69 WANG = Wangday/Wandi (73)	SIGD = Sigidi (Gowers) (71)
	70 ZAAR = Zaar/Saya; Kal (70)	DOKS = Dokshi/Lukshi (72)
		ZODI = Barawa (Gowera) = Zodi (74)
		ZAKS = "Kopti" (Gowers)= Zakshi (75)
		BOOT = Boot (Boto) (76)
7. BN	71 NGIZ = Ngizim (77)	
	72 BADE = Bade (81)	
8. TR	81 TERA = Tera-Nyimatli (83)	TERP = Tera-Pidlimdi (122)
		JARA = Jara (123)
		HONA = Hona (Hwana) (124)
9. BM	91 BURA = Bura-Hyil Hawul (131)	BPEL = Bura-Pela (130)
		CIBK = Chibak (132)
	92 MARG = Margi (Dzərŋy) (140)	MARP = Margi (Putai) (133)
		KILB = Kilba-Pela (135)
10. HG	101 HIGN = Higi-Nkafa (NW Higi) (141)	HIGD = Higi-Dakwa (Meek: "Makulu") (142)
	102 HIGK = "Fali" (of Kiria) (148)	

Groups	Test Languages	Further Reference Languages
11. BA	111 GUDE = Gude (152) 112 NZAN = Nzangi (153) 113 BATA = Bata-Garua (154) 114 BACM = Bata-Bacama (157) 115 GUDU = Gudu-Gudu (159)	GUDE = "Fali" (Jilbu) (150) GUDE = "Fali"-Mubi (151) BATZ = Bata-Zumo (Jimo) (155) BATM = Bata-Malabu (156)
12. LM	121 LAAM = Laamang II (Hidkala) (162)	
13. MD	131 WAND = Mandara (164) 132 GLAV = Glavda (167) 133 GUDF = Guduf (171) 134 DGHW = Dghwede (172) 135 NGWS = Ngweshe (173)	PADK = Paduko (166)
14. SU	141 SUKR = Sukur (174)	
15. MM	151 MATK = Matakam (Mofa) (181) 152 GISG = Gisiga-Marua (184)	
16. DB	161 MSGY = Musgoy (187) 162 DABA = Daba (190)	KOLA = Kola (190) BALD = Balda (186) DABH = Daba-Hina (188)
17. GD	171 GIDR = Gidar (191)	
18. KT	181 YEDN = Yedina (Buduma) (192) 182 KOTK = Kotoko-Logone (46)	KOTM = Kotoko-Makari (195) KOTG = Kotoko-Gulfei (196) KOTK = Kotoko-Afade (197) KOTK = Kotoko-Kuseri (198)
19. MU	191 MUSG = Musgum-Pus (203)	MUSG = Musgum-Ngilemong (204) MUSG = Musgum-Girvidig (207)

Groups	Test Languages	Further References Languages
20. MS	201 MASA = Masa-Bongor/ Yagoua (210)	
	202 ZIMD = Zime-Dari (218)	
	203 ZIMB = Zime (216)	
21. KK	211 KWAN = Kwang-Ngam, -Mobu (99)	
	212 KERA = Kera (99)	
22. LA	221 KABL = Kabalai (82)	
	222 LELE = Lele (86)	
23. SM	231 SUMR = Sumray (90)	
	232 NDAM = Ndam-Dik (91)	
	233 TUMK = Tumak (104)	
24. SK	241 SOKR = Sokoro (100)	BARN = Barein (103)
25. DM	251 DANG = Dangla (107)	
	252 MIGM = Migama (109)	
26. MK	261 MOKL = Mokul (110)	
27. MT	271 JEGU = Jegu (118)	
	272 BIRG = Birgit (115)	
	273 MUBI = Mubi (117)	

APPENDICE 3/1

<u>bone/os/Knochen</u>

A $^{+}\text{k} s_3$ (-n, -k)   W: West Proper; NB; SB (GURN, GEJI, TULE, WANG); BN.

   cp. Egyp. $\dot{\text{k}}(\text{r})$s

                                        C: TR; BM (CIBK); BA; LM; DB; KT; MU; MS.

                                        E: KK; LA; SM; SK; DM; MK; MT.

   A_1 $^{+}\text{ɬɬ}$ C: MD.
          $(\text{ɬ} < {}^{+}s_3)$

   A_2 $^{+}\text{tɬ}$ C: SK; MM; GD?

B ^{+}gml W: SB (BOGH, KIR, TALA, JIMI, BULI).

APPENDICE 3/2

<u>cough/tousser/husten</u> (both N and V)

A $^{+}\text{?ɬ}(\text{m})$ (I ?)   W: SG; BT (BOLE); NB; BN (NGIZ).
                                        C: BM (MARG); MD; MM; MU; MS.
                                        E: all groups.

B ^{+}tl W: HA.
                                        C: KT (YEDN).
                                        E: SOKR.

C $^{+}\text{kl}(\text{d})$ W: BT (TANG, DERA).

eat/manger/essen (generally hard things, but also soft things, powdery things)

A $^+$h(r)ɗ (a)   W: RN (KULR); BT.

     (>'swallow' in HAUS)   E: KK (KERA); MK; MT (BIRG).

B   - ? -

     B_1 $^+$wm (a)   E: KK (KWAN?); SM; DM (MIGM).

     B_2 $^+$hm (a) (-ɗ)   C: MD (DGHW); MM (GISG); DB
         (= chew)   (DABA).
                           E: KK (KERA).

     B_3 $^+$km (a)   C: MS (ZIMB).
         (<'eat (gen.)' C)

C $^+$lgm   E: LA; SM (NDAM, TUMK).

     (> 'eat (soft things)'
       in SM)

D $^+$rm   W: SG (SURA, GOEM); BT (TANG);
                     NB.

E $^+$tɬ   C: BA (BACM); MM (MATK).

APPENDICE 3/4

fish/poisson/Fisch

A $^{+}$krp

W: HA; SG (TAL, YIWM); RN (KULR);
BT (except TANG, KIRF); NB
(SIRI); SB (BOGH, KIR).

C: all groups.

E: DM (DANG).

B $^{+}$gs (-t)   (1) (id.)

W: RN (DAFF, BOKS); BT (TANG?);
SB (TULE, ZAAR).

(2) $^{+}$gd

W: NB (except PA'A, SIRI, DIRI).

(3) $^{+}$ks
(-k + gs)

E: KK (KWAN?, KERA); LA.

(4) $^{+}$bgs

E: SM (NDAM); SK; DM (MIGM); MT.

(5) ɓas

W: SB (WANG?).

B_1 $^{+}$k^{w}s

W: SB (TALA, GEJI, BULI).

C $^{+}$bn(kw)

W: BN.

E: MK.

D $^{+}$ds

E: SM (SUMR, TUMK).

E   pupwap

W: SG (SURA); RN (FYER).

APPENDICE 3/5

laugh/rire/lachen (cf. 'sing', 'dance', 'play')

A $^{+}$gms$_2$ (1) (id.)   W: Bauchi-Bade.

C: MD (GLAV, DGHW); MM; KT (KOTK?).

E: MK?; MT.

(2) $^{+}$ms (a,i)   W: HA (HAUS).

C: TR; BA (GUDE, NZAN, BATA); DB; GD; MS (ZIMB).

(3) $^{+}$gs (a)   E: SM; LA (?).

B $^{+}$s(w)r (a)   W: SG; RN (FYER, DAFF); BT (TANG).
   cf. 'dance'

C: MS (MASA?).

E: KK (KERA); LA; SM (SOMR); DM (DANG?).

B$_1$ $^{+}$lc   C: KT.
   Der.: met.

C $^{+}$dr   W: HA; BT (KIRF, GALM).
   ($<$'sing', 'dance')   E: KK (KWAN?); SK?

D $^{+}$g(y)l   W: RN (KULR).
                   E: DM (MIGM).

Kiyoshi Shimizu

SOME HISTORICAL FACTORS
IN CHADIC LEXICAL RECONSTRUCTION

Introduction

It is generally assumed in the traditional comparative method
that a set of regular sound correspondences well established among the
daughter languages provides a good basis for the valid reconstruction
of their proto-language. We have, accordingly, attempted to establish
a set of such correspondences for at least 77 representative Chadic
languages.

It came to our attention very soon, however, that historical
factors other than regular sound shifts and sound correspondences need
to be taken into account for the sake of Chadic lexical reconstruction,
(and even for the establishment itself of regular sound correspondences).

Some of these historical factors, which we regard as most important, are beside 1) sound shifts and sound correspondences:

2) metathesis,

3) root-thinning ("Wurzelverdünnung"), and

4) semantic changes.

At this point the aim for our presentation is to provide only a
rough outline of the results of our research in Marburg on these four
historical factors. It is intended solely as an intermediate report,
and the salient points made below should not be taken as definitive.

1. Sound shifts and sound correspondences

Our data for working out sound correspondences among the 77
Chadic languages consist of 225 basic lexical items and some 90
additional items. After having made pseudo-reconstructions for
these items on the basis of look-alikes, we began assembling, in a
table of sound correspondences, initial and non-initial consonant
correspondences found in good, Chadic-wide cognates. Proceeding in

this way to and fro between reconstructions and sound correspondences, we were able, step by step, to refine both. At the moment we
have over 30 Proto-Chadic consonants (i.e. over 30 distinct series
of corresponding sounds), two thirds of which are already well
established, while the rest is in need of further study.

Among them is a set of <u>sibilants and laterals</u> which would inte-
rest many Chadicists in that it provides a phonological basis for di-
viding the entire Chadic family into three sub-families. Cf. the following table.

<u>Sibilants and laterals in Chadic</u>

	West		Central		East
	West-Proper	Bauchi-Bade	Central minus MS	MS	Southern and Northern
$^+s_1$	s	s	s	s	s
$^+s_2$	s	s (> ɬ)	s	s	s
$^+s_3$	s	s	ɬ	s	s
$^+ɬ_1$	l	ɬ	ɬ	ɬ	s
$^+ɬ_2$	s	ɬ	ɬ	ɬ	s
$^+ɮ$	l	ɮ	ɮ	ɮ	l
^+l	l	l (> n)	n	n	l

<u>Examples</u>

$^+s_1$ ^+s(w)n   'to know'
  W: HA HAUS sanìì; SB ZAAR (yi) sìŋ,
  C: MM GISG sən; MS ZIME sîsî 'smell',
  E: MK MOKL sùùné.

$+s_2$ $+s_2(w')$ 'to drink'

W: HA HAUS   shaa; SB ZAAR   ɬe,
C: MM MATK   sa;   MS ZIMB   sé,
E: MK MOKL   sî(ɓè).

$+s_3$ $+{-s_3}m$ 'name'

W: SG SURA   súm;   SB ZAAR   sûm,
C: MM GISG   ɬimeɗ; MS ZIMB   sâm,
E: MK MOKL   sùmá.

$+ɬ_1$ $+ɬw$ 'meat'

W: SG SURA   luwaa; SB ZAAR   ɬu,
C: MM MATK   ɬaw;   MS ZIMB   ɬew,
E: MK MOKL   sey.

$+ɬ_2$ $+ɬ_2rw$ 'root'

W: HA HAUS   sáɬwáá; SB BULI   ɬir,
C: MM GISG   ɬaɬa(k); MS ZIMB ɬo:r,
E: MK MOKL   sò(ttó).

$+ʓ$ (1) $+ʓk(r)$ 'fear'

W: NB WARJ   ʓakwāra ,
C: MD GLAV   ʓaʓawura ; MS ZIMB   wàlàk (v.) J
E: KK KERA   wálə́gá.

(2) $+ʓk$ 'sow (seeds)'

W: RN DAFF   leh,
C: MM GISG   ʓəge
E: DM MIGM   lúwáw

$+l$ $+lk$ 'saliva'

W: BT DERA   yîlèk;   NB KARY   nə́nə̀kî
C: TR TERA   ɲaxa;   MS ZIMB   nɛ̄:ɛ̄
E: KK KWAN   (ka)lácî; MT MUBI lawe

As time and space do not permit us to present here all of the sound correspondences we have found in Chadic, we would like to present below at least the set of Chadic proto-consonants which we have thus far been able to establish. In so doing, it should be possible to demonstrate the kind of Proto-Chadic sound system we envisage.

Table of Proto-Chadic consonants

p	ɓ	b	^{m}b	m	(f)	(v)	w
t	ɗ	d	^{n}d	n	l	r	
(c)	($ɗ^y$)	(j)	(^{n}j)				y
k	ƙ	g	^{n}g		(h)		(?)

s_1

s_2 s'   z

s_3

$ɬ_1$ ɮ

$ɬ_2$

NB: ( ) not yet well established.

Otto Rössler's Proto-Semitic sound system (Rössler 1971), which he considers to be valid for all Hamito-Semitic languages, served as a model for this system. It should be mentioned in this connection that in establishing Chadic sound correspondences as well as in reconstructing Chadic lexical roots we had always the entire Hamito-Semitic situation in mind. It is, therefore, no coincidence that we can present our Proto-Chadic sound system in a framework basically the same as that of Otto Rössler's Proto-Semitic (and Proto-Hamito-Semitic) sound system.

2. Metathesis

The Proto-Chadic root for 'buffalo' should be reconstructed as $^+$kbn, and the Hausa form ɓawnaa must be considered a reflex of this root which has undergone metathesis $^+$kbn > bkn as well as the regular change $^+$k > w and an irregular, unexplainable change $^+$b > ɓ; the only other language which also shows -ɓ- is Sura (kəɓən).

This aspect of Chadic morphology was first discussed in an important article by C. Gouffé (1971-72). More comprehensive study of this phenomenon is without doubt indispensible for Chadic lexical reconstructions. We peopose the following five related questions on this topic:

1) In which lexical items can metathesis be observed?
2) What types of metathesis are possible?
3) In what Chadic groups or languages does metathesis occur frequently?
4) What are the possible causes of metathesis?
5) At what historical point did metathesis take place?

Gouffé (1971-72) deals with the first question in considerable detail.

The most general and important type of metathesis is that of root radicals, as in the case of the Hausa form for 'buffalo'. The following examples show some other types:

Reversal of CV order

Ex. 1   CVC- $>$ VCC:

	BN	NGIZ	kùtə̀ř	'tail'
		BADE	uktιř	'tail'

Ex. 2   In MD $^+$CVC is fairly regularly CCV:

	MD	DGHW	ńdlà	'thirst'
	MM	GISG	dal-	'thirst'

The highest frequency of metathesis appears to occur in the Southern branch of East Chadic. In some cases it affects the whole of this branch:

Ex.   'sun'   PC $^+$pt, East South $^+$tb.

	KK	KERA	cə̂wá
	LA	KABL	taba
	SM	SOMR	dāwā
cf.	DM	DANG	pàtò, etc.

Among the East South branch, the Kwang-Kera group undergoes metathesis more frequently than others:

Ex. 'fish' B $^+$gs (3)$^+$ks ($<$k- +gs)

    KK   KERA áskâ

    LA   KABL kùsǎ

         LELE kùsá, pl. kôsé

Otherwise, we can say that metathesis occurs quite often in all of the Chadic groups or languages.

There are various possible causes of metathesis, including the following: Incompatability of consonants, restrictions on syllable structures, rules of transposition, genitival construction, dissimilation, verbal aspect formation, etc..

One good example of metathesis in connection with the genitival construction would be the following:

  W: SG SURA mìsh pwɔ̂ɔ̀ 'lip' ($<$ shìm 'skin' + pwɔ̂ɔ̀ 'mouth)

  C: MD DGHW gìfúwà 'lip̬' ($<$ v̧gà 'skin' + úwè 'mouth)

3. Root-thinning

In order to explain the principle of this phenomenon, we can again make use of the root $^+$kbn, 'buffalo'. The standard reflexes of this root are tri-radical:

  W: BT KARK kaban

     NB KARY kəvə́n

  C: MM GISG guvoŋ

     GD GIDR kĕwĕ́n

  E: LA KABL gwàbənə

     MT BIRG kàbànó, etc.

But there are in addition bi-radical reflexes in the form of $^+$bn, for which the disappearance of $^+$k cannot be explained:

  C: BM PBEL fur

     HG HIGK nfun,

as well as bi-radical reflexes in the form of $^+$kn, for which the disappearance of the $^+$b cannot be explained:

  E: SM SUMR gùni

      TUMK gùn.

When these three forms are put together, the situation becomes
more easily understandable:

$^+$kbn (I   II   III)
$^+$bn (-   II   III)
$^+$kn (I   -   III).

We have decided to call such cases "root-thinning" ("Wurzelverdünnung"). Here again, if we study this phenomenon more systematically,
we should be able to determine the causes for it. One explanation ready
at hand is the tendency in some languages toward bi-radicality. Another
possible explanation would be a reduction of radicals following an in-
crease in their number by affixation.

Root-thinning, as well as metathesis, occurs so frequently in Chadic that we have begun treating it in a way similar to that of sound
shifts: That is to say, forms such as BPEL fur are regarded as a result
of a regular process of root thinning from $^+$kbn to $^+$bn, just as the
sound shifts $^+$b > f and $^+$n > r are quite regular processes.

4. Semantic changes

In searching for cognates we should of course not only compare
glosses with identical meaning but should also check words which are
semantically related to the central meaning of the root reconstructed.
One example would be found in the word 'grind',$^+$nk (West Chadic, and
ancient Egyptian as well). The reflexes mean 'grind' in three West Chadic groups:

    Ex. 1 HA HAUS níƙà
           RN FYER nik
           SB BOGH nok.
In NB, however, the meaning is different though related:
           NB MIYA nəƙ   'scratch'
              PA'A naƙù 'stir up'
              SIRI naƙu 'stir up'.
We first discovered these reflexes in related semantic araes pu-
rely by chance. But later we began performing systematic checks, and reconstructed many roots whose reflexes are found in a series of semantically related words. One fascinating example would be the root $^+$rvn,
'felidae':

```
Ex. 2  W: RN DAFF  râfan    'leopard'
       C: HG HIGD  lɪvɛri   'lion'
          MS ZIMB  raw      'cat'
       E: KK KERA  tə-rəw f. 'cat'
                   kiî-rîw m. 'leopard', etc.
```

In the arae of sensory meanings, the root [+]my (a) 'hunger' is interesting:

```
Ex. 3  W: NB WARJ  máyâi    'hunger'
       C: MD DGHW  wàyá     'hunger'
       E: DM MIGM  màyà     'hunger', etc.
```

The reflexes for this root are, however, also found in the verb 'want':

```
       C: DB MSGY  may      'want'
          DABA     māy      'want'.
```

In the verbs of movement, concepts such as 'go' and 'come' appear to
form an indivisible unit:

```
Ex. 4  W: NB TSAG  bà-      'come'
                   bə̀-     'go'
          KARY     bə-      'come'
                   ba-      'go', etc.
```

It should be clear from the examples cited above that a systematic
study of semantic changes needs to be undertaken. Whether the areas of
meaning in which semantic changes have been observed empirically are of
a universal nature or specific to a language family, there is no doubt
that semantic changes constitute an important historical factor in the
work of reconstruction. In fact, it may even be correct to say that the
meaning of reconstructed forms should also be scientifically defined on
the basis of historical semantics or the study of possible rules/ranges
of semantic change, just as phonological shapes are reconstructed on the
basis of historical phonology.

References

Gouffé, Claude, "Notes de Lexicologie et d'Étymologie Soudanaises,
     II.: Quelques cas de Métathèse Consonantique dans la
     Comparaison des Langues Tchadiennes", G.L.E.C.S. XVI,
     Paris, 1971-72, 101-19.

Rössler, Otto, "Das Ägyptische als semitische Sprache", Christentum
     am Roten Meer, Berlin 1971.

II. UN PRÉALABLE MORPHOLOGIQUE: RACINE
ET AFFIXES EN TCHADIQUE

KAREN H. EBERT

LEXICAL ROOT AND AFFIXES IN KERA

The purpose of this paper is to present those affixes in Kera whose identification is crucial for comparative research and reconstruction; special reference will be given to JUNGRAITHMAYR and SHIMIZU'S list of 225 lexical items to be reconstructed in Chadic. I shall not deal with the verbs given in this list, as verbs in Kera have a vowel suffix only. Moreover, all verb stems have been listed in my Kera lexicon (EBERT 1976). Also, I shall not mention numerals, as numerals have no affixes in Kera.

In the nominal paradigm, however, affixes associated with gender and number play an important role.

	prefixes	suffixes
m.	k-	-kî
	p-	-i
f.	t-	-gâ (-kâ)
		-a
pl.	k-	-ká + $\genfrac{}{}{0pt}{}{-w}{-ŋ}$
col.		

The k-prefix is assimilated to a stem initial voiced stop:

        kisîrkî

    vs. gìbîrwî

Assimilation of the suffix is less regular; the feminine suffix is usually -gá even after a voiceless stop, as in

        tòogá   "female"

        tòotégá   "tortoise"

No rules can be given for the use of p- in masculine nouns.

A lexeme may have a prefix as well as a suffix:

kisîrkî   "black (m.)"

təərəŋkâ   "old (f.)"

kupúrkî   "he-goat"

Note that the vowel is part of the suffix, but not of the prefix. The stem-vowel is inserted between prefix and stem; the vowel of the suffix remains i for (m.), a for (f.) and (pl./col.). Cf.

kupúrkî   "he-goat"

temerwâ   "new (f.)"

kəpârkâw   pl. of kupúrkî

(a → ə in open syllable before a)

Lexemes with affixes tend to have gender specific vowels

u, o, i   (m.)

a   (f.)

a   (pl./col.)

such that sometimes a consonantal root[1] can be isolated, e.g.

root	s - r	"black"
+ vowel	i	
+ prefix	k-	
+ suffix	kî	kisîrkî "black (m.)" (with tonal assimilation)
+ vowel	a	
+ prefix	∅	
+ suffix	kâ	sárkâ "black (f.)"
+ vowel	a	
+ prefix	k-	
+ suffix	kâŋ	kəsárkâŋ "black (pl./col.)"

root	s	"meat"
+ vowel	u	
+ prefix	k-	
+ suffix	kî	kúsúkî

root	t - r	"moon"
+ vowel	i	
+ prefix	k-	
+ suffix	∅	kîtîr

Identification of affixes is easiest if there are gender and plural forms of a root. This is the case with some nouns denoting humans and larger animals as well as with some adjectives. The following lists are (more or less) exhaustive.

a) affixes associated with natural gender

	m.	f.	pl./col.	
1.	kormə	tərnə	karmə	"son/daughter/children"
2.	pur	tər	kə́már	"boy/girl/children"
3.	hừlừm	hə̀lgə̀	kaa	"man/woman/people"
4.	pam	támgá	káfkầm	"slave"
5.	koŋkór	-	kaŋkár	"male"
6.	-	terewkâ	kéeréw	"girl"
7.	kupúrkî	hầrgá	kəpárkáw	"goat"
			káará̩ŋ	(col.)
8.	kúrkî	si	kə̀rkə́w	"bull/cow"
			kə̀cə́ŋ	(col.)
9.	(gằmlầ)	taaməgá	gə̀gằmlầw	"sheep"
			kâamá̩ŋ	(col.)
10.	gòglókî	də̀bə̀rgə̀	gằgláw	"cock/hen"
			gə̀bgúr	(col.)
11.	kóoyá	tóoyá	káayá	"dog"
12.	gə̀dầamó	dầaŋầ	-	"horse"
13.	(bə̀gầr)	(ầ)sə̀rá	kầsráw	"antilope"
14.	kíiríw	təraw	-	"leopard/cat"
15.	-	hə̀njî	kầnjáw	"snake"

b) gender forms of adjectives

16.	kisîrkî	sárká	kəsárká̩ŋ	"black"
17.	gîbîrwî	bə̀rwá	gə̀bə̀rwə́ŋ	"white"
18.	gîjîrgî	jầrgá	gə̀jầrgá̩ŋ	"many-coloured"
19.	kə́əlî	hə̀rlə̀	kə́ələ́ŋ	"red"
20.	kimbîlî	tembélá	kembélé̩ŋ	"long, high"
21.	kimirwî	temerwá	kəmarwá̩ŋ	"new"
22.	pə̀ərəŋkî	tə̀ərəŋká	kəpaarəŋkáw/-ká̩ŋ	"old"
23.	koocé /	cə̀əcə̀ /	kə̀əcə́ŋ /	"little"
	koncé	cəncə̀	kəncə́ŋ	
24.	(bòbló)	mótò	kə́mtə́ŋ	"big"
25.	keeŋe	teeŋa	keeŋe̩ŋ	"dry"

Remarks on lists a) and b):

1./2.

There is possibly a common root for item 1 and 2: r-m or m-r with metathesis either in kə́már or in the first 3 forms, loss of m in pur and tər, and assimilation in tərnə. -ə is a linker of inalienables without a pronominal suffix.

3.

The common root *l-m of hùlùm and hə̀lgə́ is not recognizable without
data from a related language:

    Kwaŋ: lum   "woman"

            kulum "person";

thus probably: hùlùm < *k-lum, hə̀lgə́ < *t-ləm-ga. For t- → h- see below;
h- in hùlùm is probably an analogy to hə̀lgə́.

4.

pam = root m + p- + vowel a (untypical)
támgá = root m + t- + gá + vowel a
káfkàm probably has a different root.

7.

ku-pur-kî
   har-gâ

h can be seen as a regular realization of t before VCCV (cf. below),
such that a common root r can be postulated with two prefixes in the
masculine form: an older p- and a younger k-.

     Note that for items 7-10 there is besides the collective form
with -ŋ a plural of the masculine form with -w, e.g.

            kə́cə́ŋ   "cows, cattle"
            kə́rkə́w "bulls"

8.

si: the s is a regular correspondence of a reconstructed Proto-Chadic
root *ɬ; the vowel however is uncommon in a feminine form.

9.

gàmlà is a borrowing, (-là is not a Kera suffix); cf. Tupuri gamla
and Masa hu-gamla.

12./13.

gə̀dàamó and dàaŋá, bə̀gàr and àsə̀rá have different roots.

14./16.

The root *r-w denotes feline animals across Chadic languages. In Kera
the masculine form stands for "leopard", the feminine form for "cat".
The term for "girl(s)" has the same consonantal root with different
vocalisation: rew. It would be interesting to find an etymological re-
lationship between rew and *r-w.

Feminine-forms

A t-prefix is present in only half of the forms. Initial k (m.) corresponds with initial t (f.) before sonorants with the following exceptions: 1. If followed by c [tʃ], k corresponds with c-; 2. If the whole
lexeme has the form CVCCV, k- or p- corresponds with h-:

cəəcə́/cəncə́ (24)   hə̀lgə́ (3)

hàrgá (7)

hə̀njî (15)

hə̀rlə́ (20)

If the following consonant is not a sonorant, k- corresponds with zero
in the feminine forms, except before c (cəəcə́). The rules for the realization of the feminine prefix should thus be ordered in the following
way:[2)]

1. /T/ → c/ __c
2.   h/ __VC [+ son] CV
3.   t/ __[+ son]
4.   Ø else

exceptions: mótò (24), where t- is missing, and possibly də̀bə̀rgə́ (10)
where d- may be a voiced variant of t-.

Plurals

Formation of plurals is restricted to the following semantic fields:
terms denoting humans and larger animals (see above), and terms for
important equipment. The following plurals reveal that initial t or
k/g of the singular is a prefix rather than part of the root:

tə́əyə́	pl. kə́əyə̀w	"calabash"
cúŋkə́y	kə̀ŋkə̀w	"lance" (with c < t)
gòlgò	gàlgàw	"skin (of animal)"
gùrgùm	gə̀rgə̀w	"milk 'bottle'"
komom	kaamam	"rat"

The following plurals seem to indicate that initial t/d or k/g is part
of the root:

taatâ	pl. kətaatâw	"cooking pot"
téngâ	kəténgéw	"(upper) grinding stone"
tə̂rtî	kətártâw	"knife"
tiinəgə́	kətiinəgíw	"pestle"

d̲à̲ygà̂	gə̀d̲à̲ygà̂w	"water pot"
d̲ò̲rgòɗî̲	gə̀d̲à̲rgə́ɗáw	"granary"
k̲úmnà̲	kəkámnáw	"chief"
k̲ȇrlew	kək̲ȇrlew	"jar for sauce"
g̲òlȏm	gà̲g̲láw	"spear"
p̲ə̂ká	káp̲káw	"bowl"

The facts are, however, more complicated. Look at the following forms:

kuuni   1. "lower grinding stone"   téngá "upper grinding stone"
        2. "mortar"   tiinəgə́ "pestle"

common root: n̲

    + k- + uu + -i   kuuni (m.)[3]
    + t- + e + -gá tengá (f.)
    + t- + ii + -gá tiinəgə́ (f.)

i.e. the big lower grinding stone is interpreted as male, the small
upper stone that is moved is interpreted as female; likewise for mortar
and pestle. The females have a plural with k̲ə- prefixed before t̲-:

        kətȇngȇw
        kətiinəgîw

This indicates that there are at least two layers of prefixes: older
and younger ones. I suppose that plural-formation has been productive
until quite recently; cf. the plurals of loan-words:

        gà̲mlà̲ - gə̀gà̲mlà̲w "he goat"
        kúmnà̲ - kəkámnáw   "chief"

(as the suffixes -la/-na indicate both from Masa/Musey), and the (still
productive?) prefix k̲ə- to refer to people from a certain village:

        kə-səsáŋgá   "people from Səsaŋga"
        gə̀-jàaràw   "people from Jaaraw"

The plurals of the above mentioned feminine forms must date from a time,
when gender-distinctive prefixes were no longer productive nor recogni-
zed as such. The assumption that we are dealing with (old) prefixes even
if the plural prefix k̲ə- is added rather than substituted is supported
by the fact that the overwhelming majority of lexemes with initial t̲-/d̲-
are feminine, with initial k̲-/g̲- + u/o/i masculine[4].
If there are neither gender forms nor a plural, prefixes[5] cannot be un-
ambiguously identified without comparative material. Thus the hypothesis
of a k̲-prefix in

kor	"blood"	is confirmed by	Kwang	kowar
			Tumak	bor
kitir	"moon"		Kanakuru	térê
			Musey	til-na
kocomcom	"hedgehog"		Kwang	céncen
kumcúkî	"beard"		Kwang	cómo[6]
kúsúkî	"meat"		Jegu	su
			Kotoko	tlu
kə́sár	"root; vein"		Lele	sara
kôsóŋ	"ear"		Tumak	him[7]
			Lele	sùmá
kəsəl	"tongue"		Mubi	lîsí
			Zime	sîlé
kə̂sə́ŋ	"tooth"		Mubi	sàŋî
			Somrai	sánde

The Kera word a-lúw-a "inside the hut" together with Sura lú, Kwang
kúlu "hut" suggests that Kera kuli "hut" developed from something like
*ku-lu(w)-i.

That there is either no or else a common (East-) Chadic prefix in

tum	"bee"	is shown by	Lele	tùmo
			Tumak	də̀m
tilmə	"darkness"		Tumak	dìglə̀m
gòrnòy	"hyena"		Lame	gwàrày
			Masa	gúrney

A common East Chadic prefix k- is attested in:

Lele	kirwe		
Jegu	kérréw	"leopard"	*r-w
Kwang	kurú		
Kera	kîirîw		

List of words with possible prefixes that have not been mentioned so
far (items restricted to 225-word-list):
a) f-words with initial t/d

táy	"hunger"
tedgér	"grave"
tếntê	"louse"
tələŋgə̂	"hole"

tiirə	"skin, shell"
tîtî	"corpse"
tôonâ	"heart"
tôotéɠá	"tortoise"
tosi	"mosquito"
tuŋgûdî	"navel"
túrtî	"scorpion"
túunî	"hippopotamus"
dəgmə́	"thigh"
dəgnə́	"tail"
də̀r 1.	"eye"
2.	"seed"

b) m-words with initial k/g + i/o/u

kîirî	"beans"
kim	"crocodile"
kîntî	"monkey"
ko	"place"
kôráy	"ashes"
ku	"mouth"
kuntî	"flour"
kur	"neck, throat"
kusi	"faeces"
kusur	"body"
gîid-	"stomach"
gìsî	"mat"
gôogò	"lion"

with e:

kerkə	"back"
késé	"smoke"
gêdr-	"husband"
gèlèr	"nail (body part)"

with initial p:

parmáy	"jaw"
pə́rkî	"stone; mountain"

c)   col-words with initial k/g + a/ə

kaaɗáw	"grass"
kàlmási	"shoe"
kámpá	"foot, leg"
kan	"water"
kasi	"hand, arm"
kàskô	"bird"
kaw	"milk"
kəcəkî	"egg"
kə̀ɗgî	"saliva"
kə̀kə̀w	"fly"
kə̀kə́y	"road, path"
kə́lə́ŋ	"testicles"
kənəg-	"neck"
kə́pàŋ	"tree, wood"
kə̀sə́ŋ	"tooth"
kə̀skə́ŋ	"bone"
gàbî	"cheek"
gàw	1. "breast (of woman)"
	2. "horn (of cow)"
gə̀gə̀ər-	"knee"
gə̀ràŋ	"wing"

Footnotes

1) I use the term 'root' to refer to the consonantal frame of
a lexeme, whereas a 'stem' contains a vowel as an integral part.
Roots without an asterisk are meant to be underlying forms of
present day Kera; they may however have some historical relevance.
Forms reconstructed with the help of comparative material are
marked with an asterisk.

2) It is supposed, that a t-prefix is underlying in all cases,
where the corresponding m-forms have k- or p-.

3) I learn from K. SHIMIZU that kuuni probably has 2 sources:

*k-bn	"grinding stone"
*k-gn	"mortar"

with an old prefix and voiced medial consonant lost in Kera.

4) The number of exceptions is less than ten.

5) As suffixes are easy to determine, I shall not deal with them in the following.

6) Metathesis is very common in Kera, e.g.

Kera	ku-mcu-kî	Kwang	como		"beard"
	kə̂-sə̂l	Musgum	elesi (=$^+$ls)		"tongue"
	kə̂-skə̂ŋ			$^+ƙ$s	"bones"
	áskâ			$^+$ks	"fish"

Roots ($^+$) reconstructed in JUNGRAITHMAYR and SHIMIZU (1977 a).

7) But cf. Hausa kûnnée "ear"

References:

Chadic Word Catalogue, Marburg.

EBERT, Karen H. (1976), Sprache und Tradition der Kera (Tschad), Teil II: Lexikon/Lexique. (Marburger Studien zur Afrika- und Asienkunde, Serie A, vol. 8).

JUNGRAITHMAYR, H. & K. SHIMIZU (MS 1977 a), Chadic Lexical Roots, Marburg.

- " -   (MS 1977 b), List of 225 Items to be reconstructed in Chadic, Marburg.

NEWMAN, Paul & Roxana MA (1966), Comparative Chadic: Phonology and Lexicon. JAL 218-251.

PAULE BOUNY

LA FORMATION DU PLURIEL DES NOMINAUX
EN KOTOKO

Cet exposé présente la formation du pluriel des nominaux *en kotoko, langue tchadique, parlée au Tchad sur le cours inférieur du Chari et du Logone et dans le Nord du Cameroun. Le nombre de locuteurs a été récemment estimé à 70.000.*

La transcription des lexèmes présentés est phonologique.

Le système prosodique fonctionne en utilisant deux registres pertinents (un haut et un bas). En outre, toute unité prosodique étant définie comme une unité accentuelle, il existe donc un accent, qui ne peut frapper que la syllabe finale ou la pénultième .

Le ton haut sera transcrit / C V́ /

le ton bas sera transcrit / C V̀ /

l'accent   „   „   / C V́ /

Sur le plan de la réalisation phonétique :

Un ton bas accentué se réalise bas .

Un ton haut accentué se réalise par une modulation descendante (présentant un registre bas — très bas).

La voyelle centrale transcrite / ə / fonctionne comme telle sur le plan phonologique, mais est réalisée comme une voyelle postérieure étirée de 2e degré d'aperture [ɣ] .

Nous observons trois modes de formation du pluriel .

Soit :

- par l'adjonction d'une marque à la base lexicale

                    (cas 1)

- par une alternance vocalique au sein de la base lexicale

                    (cas 2)

- par l'utilisation concomitante des 2 procédés pré-cités

                    (cas 3)

Formation du pluriel des nominaux se terminant
par une voyelle

<u>Cas 1</u> : <u>Adjonction d'une marque à la base lexicale</u> .

Cette marque est constituée <u>d'une consonne</u> (qui s'harmonise articu-
latoirement avec la voyelle finale du lexème au singulier) suivie de la
<u>voyelle / e /</u> . Sur le plan tonal, <u>la marque du pluriel a un registre
haut</u> . D'où :

A) Marque du pluriel :   - C é
   I.
   <u>-Sur le plan de l'harmonie articulatoire</u> :

Si la <u>voyelle finale</u> du lexème au singulier est <u>une voyelle d'avant</u> , C sera une consonne <u>palatale</u> .		Si la <u>voyelle finale</u> du lexème au singulier est <u>une voyelle d'arrière</u>, <u>C sera une consonne vélaire</u>	
sg.	pl.	sg.	pl.
i	i - y é	u	u - w é
e	e - ɲ é	o	o - w é
		a	a - w é

   - <u>Sur le plan tonal</u>

<u>Règle tonale</u> : la syllabe finale qui constituera la marque du pluriel, sera
sur le plan tonal marquée par <u>un ton haut</u> . Celui-ci, pourra être accentué
ou pas, selon les lois qui régissent le système prosodique du kotoko.

Sans en esposer toutes les règles tonales, précisons que :

Lorsque <u>l'unité accentuelle</u> est <u>élargie</u>, par <u>l'adjonction d'une marque à
la racine</u> , <u>l'accent devra se déplacer</u> s'il frappait la syllabe <u>pénultième</u>
au singulier, selon la règle :
   Dans toute <u>unité accentuelle</u>, <u>l'accent</u> ne peut frapper que <u>la syllabe
finale</u> ou pénultième, jamais l'antépénultième .

Donc :

    1) L'accent frappe la <u>dernière syllabe</u> du lexème au singulier .

L'accent <u>reste fixe</u> lors de l'adjonction de la marque du pluriel.

    2) L'accent frappe <u>la pénultième</u> du lexème au singulier .

<u>L'accent doit se déplacer</u> et frapper la dernière syllabe du lexème au pluriel.

      Lexème au singulier   Lexème au pluriel

       C V   C V   C V C V   —   C V

         Racine   racine   marque

                                               ∗ C V C V   —   C V

<u>Règles de réalisation tonale</u>

    – Un <u>ton haut</u> non accentué se <u>réalise haut</u>   / H / ⟶ [H]

    – Un <u>ton haut accentué</u> se <u>réalise</u> par une <u>modulation descendante</u> .

              / 'H / ⟶ [D]

    – un <u>ton haut</u> qui a <u>perdu son accentuation</u> se <u>réalise bas</u> .

              / H / ⟶ [B]
               (1)

    – Un <u>ton bas</u> <u>non accentué,</u> accentué ou <u>ayant perdu son accentuation</u>

se <u>réalise bas</u> .

           / B / ⟶ [B]

           / 'B / ⟶ [B]

           / B / ⟶ [B]

---

(1) Nous signalons qu'un ton a <u>perdu son accentuation</u> en mettant le symbole
    de l'accent / ,CV / plus bas que la transcription phonèmatique, à
    l'inverse du cas où l'accentuation phonologique est attestée (elle est
    alors signalée par / 'CV / indiquée plus haut que la transcription
    phonématique).

CORPUS

Voyelle finale du lexème au sing.			
i	bùsì	" natte "	bùsìyé
	fɔ̀ɗí	" tapage "	fɔ̀ɗíyé
	fòtɵʔi	" moquerie "	fòtɵʔíyé
e	bɔ̀lè	" puits "	bɔ̀lèɲé
	lèlé	" écorce "	lèlɛɲé
	sàmé	" ciel "	sàméɲé
u	dùŋgù	" lépreux "	dùŋgùwé
	sɔ̀lú	" piste "	sɔ̀lúwé
	hɛ̀rú	" voleur "	hɛ̀rúwé
o	gɔ̀rɔ̀	" âne "	gɔ̀rɔ̀wé
	ɓòró	" tête "	ɓòrówé
	mìyó	" couteau "	mìyówé
a	là	" brousse "	làwé
	há	" concession"	háwé
	ʔàʃɔ̀rá	"fin de l'après midi "	ʔàʃɔ̀ráwé

II.   C est / ʔ / . pl. :   - / ʔ é /

rare, souvent en variante libre avec les formes en - ʃ é   et   - ʔ é

e	s è l è l é	" ver de vase "	s è l è l é ʔ é
u	s ù l ú l ú	" profondeur "	s ù l ú l ú ʔ é
o	d ò l ò	" pigeon "	d ò l ò ʔ é
a	s á w á	" bonnet "	s á w a ʔ é
	h à g ə	" corbeau "	h à g ə ʔ é

III. Autres consonnes (cas uniques)

     C   =   / ɗ /   pl. - / ɗ é /

     ɨ è   main   ɨ è ɗ é

                         trompe

     C   =   / l /   pl. - / l é /

     s k p á   " marmite en terre "   s k p a l é

B)   - C

        Cette consonne est attestée après   / a /
     - C = / y /

                              porteuse
     - La dernière syllabe est toujours d'un ton haut, quel que soit le

ton attesté sur celle-ci au singulier .

g à r g b à	" poussière "	g b à r g b á y
ɓ ə g à	" hyène "	ɓ ə g á y
g b ə b á	" brouillard "	g b ə b á y
w à ɗ à g á	" mensonge "	w à ɗ à g á y
s ə ɗ ɛ	" amertume "	s ə d á y
b è g ɔ l á	" juste après la saison des pluies "	b è g ɔ l á y

CAS   2   : Alternance vocalique

- **pas de modification tonale**

Voyelle finale	Singulier	pluriel
	a	e
	ə	e

Voyelle en position interne	Singulier	pluriel
	ə	a

1) Le nominal se termine par / a /

m b à l l'à   " bras, aile "   m b à l l è

m bɔ̀ l ì y'à   " calebasse "   m bə̀ lìy'è

2) Le nominal se termine par / ə /

a)   ʔ è n c ʔɔ̀   " os "   ʔ è n c ʔ'è

t'è ɗɔ́   " lune "   t'è ɗ é

g b'à s k pɔ̀   " poule "   g b'à s k p é

g b á r g b à ɗɔ̀   " mou, doux "   g b á r g b à ɗ'è

b)   s'ɔ̀   " jour "   s'è

sɔ̀ l g'ɔ̀   " étoile "   s à l g'è

gɔ̀ l k ʔɔ́   " vieux "   g à l k ʔ é

mɔ̀ l ɓ'ɔ́   " peau humaine "   m à l ɓ'é
                                          V.L mɔ̀l ɓ'é

g bɔ̀ l f'ɔ̀   " boiteux "   g b à l f'è
                                          V.L g bɔ̀l f'è

dɔ̀ g bɔ̀ s'ɔ̀   " hanche "   d à g b à s'è

CAS 3 : <u>Adjonction d'une marque et alternance vocalique</u>

- <u>Mêmes règles tonales que dans le cas 1</u> .

I. Marque du pluriel : - / ɲ é /

  1) Le nominal se termine par / ə /

a) f à s s ə̂ " souffle " f à s s à ɲ é

  ʔ è n ɬ ə̂ " langue " ʔ è n ɬ á ɲ é

  ʔ è ŋ g b ə́ " excrément " ʔ è ŋ g b á ɲ é

  s k p à f ə̂ " queue " s k p à f à ɲ é

  d à l à g ə̂   d à l à g á ɲ é

  ʔ à r f ə̂ " éléphant " ʔ à r f á ɲ é

  b à s s ə́ " amende " b à s s á ɲ é

b) b à l g ə̂ " fou " b à l g à ɲ é

  f ə̀ s k ə̂ " bouc " f à s k à ɲ é ∼ f ə̀ s k à ɲ é

  m s ə̀ g ə̂ " cheveux " m s à g á ɲ é ∼ m s ə̀ g á ɲ é

  s à t t ə́ " panthère " s à t t á ɲ é ∼ s ə̀ t t á ɲ é

  g ə l ə̀ s ə̂ " tapis " sp. g à l à s à ɲ é ∼ g ə l ə̀ s à ɲ é

  g b ə̀ m d ə̂ " barbe " g b à m d à ɲ é ∼ g b ə̀ m d à ɲ é

58

2)   Le nominal se termine par / e /

/ e / ⟶ / a /
sg.   pl.

w é   " cou "   w̗ á ɲ é

l é   " lance "   l̗ á ɲ é

m à d é   " jambe "   m à d̗ á ɲ é

f à d é   " nuit "   f à d̗ á ɲ é ～ f à d̗ é ɲ é

h è ŋ k p ʔ é " sein "   h è ŋ k p ʔ̗ á ɲ é

b à s í s è   " bouillie " sp.   b à s í s̗ à ɲ é

II.   Marque : - / w é /

Seuls cas attestés

1)   / e / ⟶ / o /
sg.   pl.

b í s k ò r l é   " chasse mouche "   b í s k ò r l̗ ó w é

2)   / o / ⟶ / a /

h à n d̗ ó   " intestin "   h à n d̗ á w é

Formation du pluriel des nominaux
se terminant par une consonne

Règle tonale : la syllabe finale constituant la marque du pluriel sera toujours porteuse d'un ton haut . Les réalisations tonales attestées selon la place de l'accent seront régies par les mêmes règles que celles que nous avons exposées lors de la présentation de la formation du pluriel des nominaux se terminant par une voyelle (cf. cas 1 et cas 3)

C A S 1 :

La voyelle qui précède la consonne finale n'est pas /ə/

m	tθʔómtθʔém	" acide "	tθʔèmtθʔ,émé
	gúrgúm	" jaune "	gúrg,úmé
	kòràm	" chapeau de paille "	koràmé
r	ŋgùmúr	" fête "	ŋgùmúré
	mɔ̀ɫàr	" hâche "	mɔ̀ɫàré
l	hàgál	" arbre " sp.	hàgálé
	wùtθʔàl	" fumée "	wùtθʔàlé
w	kɔ̀ràw	" tabouret "	kɔ̀ràwé
	sàw sáw	" plante aqua- tique "	sàw sáwé

/ ŋ / subit une modification articulatoire

	/ ŋ / sg.		/ r / pl.
ŋ	bɔ̀líŋ	" neuf "	bɔ̀líré
	kùrkúŋ	" remède "	kùrkúré
	lùŋ	" venue "	lùré
	dɔ̀móŋ	" brebis "	dɔ̀móré
	làgáŋ	" corne "	làgáré
	fɔ̀lwáŋ	" silure "	fɔ̀lwáré

* e ŋ ǂ	non attesté	* im ǂ	* om ǂ	* e r ǂ	non attestés
		r	r	l	
		l	l		
		w	w		

C A S   2

La voyelle qui précède la consonne finale est   / ə /

Il y a alternance vocalique .

/ ə /	/ a /
sg.	pl.

N.B Dans les dissyllabes, ne sont attestées comme noyaux vocaliques

que   / ə /

/ C ə   - C ə C /

＊ / C V - C ə C /   sauf   s á f ə́ r " 2ème mois de l'année "

attestée devant			
m	łə́ m	" nom "	łˌá m é ∼ łˌə́ m é (1)
	gə̀ l gə́ m	" plateau en terre "	g à l g á m é ∼ g ə̀ l g á m é ∼ g ə̀ l g ə́ m é (1)
ŋ	fə́ ŋ	" case "	f ˌá r é ∼ f ə́ r é (1)
	bə̀ n nə́ ŋ	" mur "	b à n nˌá r é ∼ b à n nˌá r é (1)
r	łə́ r	" dent "	łˌa r é
	dá m bə́ r	" tronc "	d á m bˌá r é ∼ d ə́ m bˌá r é ∼ d ə̀ m bˌə́ r é (1)
l	də̀ g bə́ l	" cuisse "	d à g bˌà l é
	s kə̀ n də́ l	" foie "	s kˌə̀ n dˌə́ l é

---

(1) Ces formes sont les plus fréquemment attestées parmi les variantes libres.

Autres modes de formation du pluriel

I. <u>Modification de la structure de la base lexicale</u> qui fonctionne en tant que marque (bien que les autres marques soient présentes).

        Liste exhaustive :

g à r ə́ y à w ù ŋ	" oubli "	k ʔ à w é y à w‚ù r' è
g á m b à l l' à	" épaule "	k ʔ à w é b à l l' è
dʒ̀ g ú m' ì	" long "	dʒ̀ g b á m‚à r' è
h' ó	" village "	h‚í w à ɲ' é
g ù r n' è	" oncle "	g à r' à n é

II.   Les pluriels irréguliers

        Liste exhaustive :

b ə̀ l' ó	" homme "	m ù ŋ g' ù
b ə̀ l ò s ò w' è	" garçon "	m à y w' è
w ù l' à	" jeune homme "	l ì m á y w' è
w ù l ì y' à	" jeune fille "	l ì g à r á m
d ə̀ g b à ɫ' è	" jeune femme "	l ì g b à ɫ é
d ə̀ m' à	" grand "	d à' ɓ é
m à h ò r' ù	" étranger "	m à̤ w' ì
m à r ə̀	" propriétaire femme "	m' è
ʔ ə̀ m s ì	" propriétaire masc. "	m' è
s' ə̀	"oeil "	ʔ' á l

FORMATION DU PLURIEL DES NOMINAUX SE TERMINANT PAR UNE VOYELLE

TABLEAU I

V. finale du nominal	Adjonction d'une marque cas 1			Alternance vocalique cas 2		Alternance vocalique + Adjonction d'une marque cas 3	
	sg.	pl.	V.L	sg.	pl.	sg.	pl.
ɨ	ɨ	ɨ - y é +	ɨ - ʔ é				
e	e	e - ɲ é +	e - ʔ é				
u	u	u - w é +	u - ʔ é				√ - a - ɲ é +
e				√ - a	√ - e	√ - e	
o	o	o - w é +	o - ʔ é				
a	a	a - w é / a - y +	a - ʔ é	V - a	V - e	V - e	
ə	ə	∅	ə - ʔ é	e - ə / a - i / a - ə	e - e + / a - e / a - e	a - ɔ / e - ɔ / ə - e	a - a-ɲ é + / e - a-ɲ é / a - a-ɲ é

+   : Formations du pluriel les plus fréquentes.

V.L : en variante libre avec la forme précédente.

TABLEAU   II .

Formation du pluriel des nominaux se terminant par   C

lire : $\bar{ə}$ voyelle non centrale

ə   voyelle centrale

Singulier	pluriel
$\bar{ə}$ m	m – é
$\bar{ə}$ l	l – é
$\bar{ə}$ r	r – é
$\bar{ə}$ w	w – é
$\bar{ə}$ ŋ	r – é

Singulier	pluriel
ə m	a m – é
ə l	a l – é
ə r	a r – é
ə ŋ	a r – é

✱ ə w   # ╎ non attesté

Conclusion :

Cet exposé ne constitue qu'une présentation de matériaux. Nous faisons l'hypothèse diachronique, à partir de nos observations, qu'il y aurait deux systèmes en présence qui fonctionneraient encore de façon concomitante .

- Un système de formation du pluriel qui utilise l'alternance vocalique (cas 2) (au sein de la racine lexicale).

- Un système de formation du pluriel qui utilise l'adjonction d'une marque à la racine lexicale (sans la modifier, cas 1).

Le mode de fonctionnement du cas 3 , nous semble être le reflet du passage, dans la langue, d'un type de formation du pluriel à un autre (d'où la présence des deux modes de formation : alternance vocalique interne et adjonction d'une marque) .

L'hypothèse que nous faisons (et seuls les spécialistes des langues tchadiques pourront la confirmer ou l'infirmer) est que le système le plus ancien est celui de l'alternance vocalique qui n'est déjà plus du tout utilisé pour certaines voyelles / i , u , o / et que le système qui tend à se mettre en place est celui de l'adjonction d'une marque à la racine lexicale (qui ne fait plus intervenir de modification à l'intérieur de la racine).

Nous faisons cette hypothèse à partir des fréquences que nous avons signalées dans le tableau I et des variantes libres que nous présentons dans le cas 3, celui-ci constituant un fonctionnement intermédiaire .

Néanmoins, nous insistons sur le fait, que la formulation ci-dessus ne constitue qu'une hypothèse basée à partir de faits qui ne pourront véritablement subir une interprétation acceptable scientifiquement, qu'intégrés aux autres faits diachroniques propres à l'ensemble des langues tchadiques .

CLAUDE CAÏTUCOLI

SCHÈMES TONALS ET MORPHOLOGIE
DU VERBE EN MASA

I. PRESENTATION DES DONNEES.

Cette étude du verbe masa repose sur une enquête menée de Novembre 1976 à Juin 1977. Le dialecte étudié est le masa "goumaye" parlé à Moulkou, canton de Toura, Tchad. Je n'ai pas encore déterminé l'extension géographique de ce dialecte.

Il est apparu, au cours de l'enquête, que les distinctions de temps, d'aspect et de mode reposaient en grande partie sur la variation des schèmes tonaux. Je me propose de rendre compte de ce phénomène en attribuant aux racines verbales et aux marques temporelles, aspectuelles ou modales un schème tonal de base.

J'examinerai, pour chaque verbe, une forme verbo-nominale et cinq temps personnels. Je n'ai pas les moyens, dans l'état actuel de ma recherche, de définir la valeur précise de chacun de ces temps. On admettra, à titre provisoire, le classement suivant :

A. Inaccompli   1. Présent

                       2. Futur

B. Accompli   3. Accompli non marqué

                       4. Accompli 2, marqué

C. Aspect non mar- 5. Subjonctif

    qué (neutre)   6. Verbo-nominal

Ce classement, s'il est cohérent du point de vue morphologique, ne repose sur aucune étude sémantique rigoureuse; les étiquettes attribuées à chaque temps ont pour seule fonction de servir de points de repère au cours de l'analyse.

Le masa possède les pronoms sujets suivants :

(nàn)	"je"	(númá)	"nous excl."
(nàŋ)	"tu masc."	(nígí)	"vous excl."
(nàm)	"il"	(nízí)	"ils, elles"
(nà?)	"elle"	[néýɹ]	"nous incl."

Mais seules les deux premières personnes du pluriel donnent lieu
à un accord avec le verbe. Il suffit donc d'indiquer, dans les tableaux
ci-dessous, trois formes verbales pour chaque temps personnel :

Première forme : "1 sg", "2 sg", "3 sg", "3 pl".

Deuxième forme : "1 pl"

Troisième forme : "2 pl"

Pour la commodité de l'exposé, les verbes sont, dès le départ,
répartis en classes. Il est clair que cette répartition ne peut se
justifier qu'a posteriori. On peut remarquer cependant l'existence
de deux types de verbes en examinant les possibilités tonales à l'initiale :

	Inaccompli	Accompli	Neutre
Type 1	Bas	Haut	Bas
Type 2	Haut	Moyen	Moyen

La réalisation des schèmes tonals étant liée au nombre de syllabes
intonables, il nous faut distinguer les verbes dont le radical est
monosyllabique (la quasi-totalité du corpus) des verbes dont le radical est dissyllabique. Pour les verbes à radical monosyllabique,
on constate que le ton final du verbo-nominal peut être haut ou bas.
Cette différence tonale semble liée à la structure phonématique du
radical : le ton haut correspond aux radicaux terminés par une voyelle
simple et le ton bas aux radicaux terminés par une voyelle longue,
une diphtongue ou une consonne. On remarque un phénomène comparable
pour les verbes à radical dissyllabique, à ceci près que le ton haut
ne frappe plus l'affixe nominal mais la dernière syllabe du radical.

En pratique, la connaissance du seul verbo-nominal permet de déterminer la classe à laquelle appartient un verbe donné : il suffit
d'examiner le ton initial (moyen ou bas), le nombre de syllabes et la
nature de la finale du radical.

		Radical 1 syllabe	Radical 2 syllabes
Bas initial	...V-	(màná) "venir"	(ǯùgónā) "goûter"
Type 1	...VV- ...VC-	(hàìlà) "sauter"	(gùⱡɔ̀?nà) "pétrir"
Moyen initial	...V-	(lĩná) "faire"	(tūbánā) "heurter"
Type 2	...VV- ...VC-	(lĩ̀kŋà) "avaler"	(tĩlèkŋà) "lécher"

(màná) "venir"

Présent : 1. (nàm mà?á)   Futur : 1. (nàm mà mà?á)
           2. (númá mùmá?ā)   2. (númá mà mùmá?ā)
           3. (nígí mìgíyā)   3. (nígí mà mìgíyā)

Accompli : 1. (nàm má?ā)   Accompli 2 : 1. (nàm máyā)
            2. (númá múmá?ā)   2. (númá múmáyā)
            3. (nígí mígĩyā)   3. (nígí mígíyā)

Subjonctif : 1. (nàm mà?à)
              2. (númá mùmà?à)
              3. (nígí mìgìyà)

Se conjuguent sur ce modèle les verbes suivants :

(bàná) "perdre"   (dàná) "dire"   (dòná) "tremper dans la sauce"
(gìná) "lancer"   (nàná) "aller"   (nìná) "tomber"
(ɲòná) "ouvrir"   (vìná) "attraper" (zìná) "dépouiller"
(ǯàná) "cueillir"   (ǯòná) "toucher"   (ĥòná) "écrouler"

Le modèle ci-dessus ne se vérifie que pour les verbes employés absolument; aussi est-il nécessaire de donner un exemple de syntagme verbal complexe. A partir de (gìná) "lancer" et (tūùnà) "le corps" on obtient (gĩ tùùnà) "plonger" :

Présent: (nàn gĩ tùànù)   (númá gùmá tūūmà?à)
         (nà̀ŋgĩ tūà̀ŋù)   (nígí gìgí tūūgìyà)
         (nàm gĩ tūàmù)   (nízí gĩ tūūsìyà)

Accompli : 1. (nàm gǐ tūwàmù)   Accompli 2 : 1. (nàm gǐ tūwàmíyā)
      2. (númá gúmā tūūmà?à)   2. (númá gúmā tūūmáyā)
      3. (nígí gígī tūūgìyà)   3. (nígí gígī tūūgíyā)

Subjonctif : 1. (nàm gì tūwàmù)   Futur : 1. (nàm mà gì tūwàmù)
      2. (númá gùmà tūūmà?à)   2. (númá mà gùmá tūūmà?à)
      3. (nígí gìgì tūūgìyà)   3. (nígí mà gìgì tūūgìyà)

    (ɓàlìà) "sauter"

Présent : 1. (nàm ɓàlá)   Futur : 1. (nàm mà ɓàlá)
      2. (númá ɓàlmá?ā)   2. (númá mà ɓàlmá?ā)
      3; (nígí ɓàlgíyā)   3. (nígí mà ɓàlgíyā)

Accompli: 1. (nàm ɓálā)   Accompli 2 : (nàm ɓálíyā)
      2. (númá ɓálmā?ā)   2. (númá ɓálmáyā)
      3. (nígí ɓálgīyā)   3. (nígí ɓálgīyā)

Subjonctif : 1. (nàm ɓàlà)
      2. (númá ɓàlmà?à)
      3. (nígí ɓàlgìyà)

    Se conjuguent sur ce modèle les verbes suivants :

(ɓùùrà)	"avancer"	(ɓòynà)	"être fou"	(ɓàsnà)	"essuyer"
(ɓààrà)	"germer"	(ɓàynà)	"hésiter"	(ɓànnà)	"couper en tranches"
(ʒùnnà)	"attacher"	(ʒòkŋà)	"déplacer"	(ʒòpnà)	"demander"
(ʒìkŋà)	"monter"	(ʒètnà)	"déchirer"	(ʒèèrà)	"couper en lanières"
(ʒèɸnà)	"tuer-écraser"	(ʒàŋà)	"courir"	(zùmnà)	"cultiver la terre"
(zùtnà)	"pousser"	(zìlnà)	"porter"	(zàllà)	"cuire"
(zànnà)	"se taire"	(vùllà)	"donner"	(vù?nà)	"mettre bas"
(vìnnà)	"vomir"	(vìkŋà)	"fumer"	(vìlnà)	"perdre son chemin"
(vàtnà)	"finir"	(vààrà)	"penser"	(ŋùynà)	"faire un détour"
(ŋùllà)	"insulter"	(ŋàllà)	"brûler"	(ŋàfnà)	"lutter"
(nìkŋà)	"tomber"	(nèfnà)	"quereller"	(nàllà)	"rendre visite"
(mùsnà)	"laver"	(mùnnà)	"déserter"	(mòllà)	"regrouper (boeufs)"
(mòŋà)	"ouvrir"	(mààrà)	"faire venir"	(mèèrà)	"se disperser"
(gìɸnà)	"éructer"	(gè?nà)	"bouger"	(gètnà)	"être stérile"
(gàŋà)	"guérir"	(gààrà)	"chercher"	(dù?nà)	"coudre"
(dùùnà)	"piler"	(dìkŋà)	"poursuivre"	(dùùrà)	"faire la guerre"

(dèènà)   "ressusciter"   (dèŋà)   "mettre en gage"

(dàkŋà)   "se réunir"   (dàarà)   "courtiser" (bùurà)   "se coucher"

(bùunà)   "pourrir"   (bùtnà)   "rendre la dot"

(bòllà)   "danser"   (bàynà)   "gronder"   (bàllà)   "enfler"

Examinons un exemple de syntagme verbal complexe, (gàr ćáẃnā)
"faire une enquête", formé à partir de (gàarà) "chercher" et (ćáẃnā)
"la queue".

Présent : 1. (nàm gàr ćáẃnā)   Futur : 1. (nàm mà gàr ćáẃnā)

        2. (númá gàrmá ćáẃnā)   2. (númá mà gàrmá ćáẃnā)

        3. (nígí gàrgí ćáẃnā)   3. (nígí mà gàrgí ćáẃnā)

Accompli: 1. (nàm gár ćáẃnā)   Accompli 2:1. (nàm gár ćáẃníyā)

        2. (númá gármā ćáẃnā)   2. (númá gármā ćáẃníyā)

        3. (nígí gárgī ćáẃnā)   3. (nígí gárgī ćáẃníyā)

Subjonctif : 1. (nàm gàr ćáẃnā)

         (númá gàrmà ćáẃnā)

         (nígí gàrgì ćáẃnā)

        (tīná)   "manger"

Présent : 1. (nàm tí?ē)   Futur : 1. (nàm mà tí?ē)

        2. (númá túmá?ā)   2. (númá mà túmá?ā)

        3. (nígí tígíyā)   3. (nígí mà tígíyā)

Accompli: 1. (nàm tī?é)   Accompli 2 :1. (nàm tíyā)

        2. (númá tūmá?ā)   2. (númá tūmáyā)

        3. (nígí tīgíyā)   3. (nígí tīgíyā)

Subjonctif : 1. (nàm tí?é)

        2. (númá tūmà?à)

        3. (tīgìyà)

Se conjuguent sur ce modèle les verbes suivants :

(pīná)	"planter"	(pōná)	"débroussailler"	(ɓēná)	"monter"
(ɓōná)	"fleurir"	(tōná)	"frapper"	(ɗōná)	"écrire"
(kāná)	"couper"	(kōná)	"déborder"	(ŋāná)	"compter"
(fīná)	"trouver"	(čīná)	"boire"	(ƭōná)	"perforer"
(ɗīná)	"prendre"	(rāná)	"laisser"	(līná)	"faire"
(yīná)	"appeler"	(ɥīná)	"voir"		

On peut citer, comme exemple de syntagme verbal complexe, (kā sīn̄ā) "mentir", formé à partir de (kāná) "couper" et (sīn̄ā) "la langue".

Présent : 1. (nàm ká sīnī)   Futur : 1. (nàm mà ká sīnī)
          2. (númá kámá sīnī)   2. (númá mà kámá sīnī)
          3. (nígí kágí sīnī)   3. (nígí mà Kágí sīnī)

Accompli: 1. (nàm kā sīnī)   Accompli 2 :1. (nàm kā sīníyā)
          2. (númá kāmā sīnī)   2. (númá kāmā sīníyā)
          3. (nígí kāgī sīnī)   3. (nígí kāgī sīníyā)

Subjonctif : 1. (nàm kā̀ sīnī)
             2. (númá kāmà sīnī)
             3. (nígí kāgì sīnī)

        (līkŋà)   "avaler"

Présent : 1. (nàm líɡā)   Futur : 1. (nàm mà líɡā)
          2. (númá líkmá?ā)   2. (númá mà líkmá?ā)
          3. (nígí líkgíyā)   3. (nígí mà líkgíyā)

Accompli: 1. (nàm līgá)   Accompli 2 :1. (nàm līgíyā)
          2. (númá līkmá?ā)   2. (númá līkmáyā)
          3. (nígí līkgíyā)   3. (nígí līkgíyā)

Subjonctif : 1. (nàm līgà)
             2. (númá līkmà?à)
             3. (nígí līkgìyà)

Se conjuguent sur ce modèle les verbes suivants :

(hūmnà) "entendre"   (ē¢nà) "éclore"   (ĩnnà) "façonner"

(ōkŋà) "déféquer"   (ūnnà) "copuler"   (pāynà) "se promener"

(pātnà) "enlever"   (pānnà) "se moquer" (pā¢nà) "mâcher"

(pēkŋà) "saisir"   (pĩĩrà) "fuir (en courant)"

(pōōnà) "découper en quartier" (pūùnà) "fuir (en se cachant)"

(pūùrà) "être sale"   (pūkŋà) "accoucher" (tāpnà) "réunir"

(tāmnà) "tâter"   (tāwnà) "éteindre" (tāynà) "fouler aux pieds"

(tĩĩnà) "pleurer"   (tōkŋà) "balayer" (tūùnà) "se battre"

(tū?nà) "marcher"   (ɗūmnà) "payer la dot" (mĩtnà) "mourir"

(mĩnnà) "vouloir"   (māllà) "faire le toit"

(mūtnà) "manger (en mâchant)" (fōōnà) "ôter un vêtement par le haut"

(mūsnà) "s'asseoir"   (nūsnà) "nager"   (fē?nà) "récolter"

(čāynà) "frire"   (čĩwnà) "pêcher"   (čĩtnà) "guérir"

(čōĩnà) "redresser"   (cūkŋà) "semer"   (čūfnà) "griller"

(¢āwnà) "emmêler"   (¢ētnà) "racler"   (¢ē?nà) "rafraichir"

(hāàrà) "scier"   (hāllà) "tirer le poisson"

(hēèrà) "être courbé" (hākŋà) "se racler la gorge"

(hĩsnà) "sentir"   (hĩnnà) "laisser"   (hēllà) "chanter (coq)"

(hōtnà) "retourner"   (lāwnà) "parler"   (lĩwnà) "s'amuser"

(lūtnà) "écraser"   (wē?nà) "lancer (sagaie)"

(mākŋà) "être fatigué" (mūnnà) "déserter"   (mōllà) "regrouper (bétail)"

(yōwnà) "ramasser"   (wēllà) "raser"

(pāt gún gùlónā) "arracher l'arbre" (enlever/ l'arbre/ vers le haut).

Présent : 1. (nàm pát gún gùló?ō)   Futur : 1. (nàm mà pát gún gùló?ō)

         2. (númá pátmá gún gùló?ō)   2. (númá mà pátmá gún gùló?ō)

         3. (nígí pátgí gún gùló?ō)   3. (nígí mà pátgí gún gùló?ō)

Accompli: 1. (nàm pāt gún gùló?ō)   Accompli 2:1. (nàm pāt gúní gùló?ō)

         2. (númá pātmā gùló?ō)   2. (númá pātmā gúní gùló?ō)

         3. (nígí pātgĩ gùló?ō)   3. (nígí pātgĩ gúní gùló?ō)

Subjonctif : 1. (nàm pāt gún gùló?ō)

            2. (númá pātmà gún gùló?ō)

            3. (nígí pātgì gún gùló?ō)

(ǯùgónā)   "goûter"

Présent : 1. (nàm ǯùgó?ō)   Futur : 1. (nàm mà ǯùgó?ō)
          2. (númá ǯùgōmá?ā)   2. (númá mà ǯùgōmá?ā)
          3. (nígí ǯùgōgíyā)   3. (nígí mà ǯùgōgíyā)

Accompli: 1. (nàm ǯúgō?ō)   Accompli 2 :1. (nàm ǯúgóyā)
          2. (númá ǯúgōmā?ā)   2. (númá ǯúgōmáyā)
          3. (nígí ǯúgōgīyā)   3. (nígí ǯúgōgíyā)

Subjonctif : 1. (nàm ǯùgò?ò)
             2. (númá ǯùgòmà?à)
             3. (nígí ǯùgògìyà)

   (ǯùgónā) est le seul verbe dissyllabique du type 1 A que nous
ayons relevé. La conjugaison des verbes du type 1 B est identique à
celle des verbes du type 1 A, à l'exception du verbo-nominal. On peut
citer les exemples suivants :
(bìgì?nà) "fouiller"   (gùɓò?nà) "pétrir"   (ɦùrò?nà) "pencher"
(ɦàrmàtnà) "ramper"   (ǯìwècnà) "écraser" (ǯùgò?nà) "creuser"

   Examinons un exemple de syntagme verbal complexe, (gùɓò? nàgànà) "pétrir la
terre".
Présent : 1. (nàm gùɓò? nàgànà)   Futur : 1. (nàm mà gùɓò? nàgànà)
          2. (númá gùɓò?mā nàgànà)   2. (númá mà gùɓò?mā nàgànà)
          3. (nígí gùɓò?gī nàgànà)   3. (nígí mà gùɓò?gī nàgànà)

Accompli: 1. (nàm gúɓō? nàgànà)   Acc. 2 :1. (nàm gúɓō? nàgànίyā)
          2. (númá gúɓō?mā nàgànà)   2. (númá gúɓō?mā nàgànίyā)
          3. (nígí gúɓō?gī nàgànà)   3. (nígí gúɓō?gī nàgànίyā)

Subjonctif : 1. (nàm gùɓò? nàgànà)
             2. (númá gùɓò?mà nàgànà)
             3. (nígí gùɓò?gì nàgànà)

   Les verbes dissyllabiques appartenant au type 2 sont également
très peu nombreux; on peut citer, pour le type 2 A, (tūbānā) "heurter"
et, pour le type 2 B, (hūmòkɲà) "arquer"   (tīràpnà) "piétiner"
(tīlèkɲà) "lécher"   (čīgè?nà) "guetter"   (ɓīràkɲà) "peigner"
(hūròkɲà) "limer"   (līgà?nà) "ruminer"

(čīgè?nà)   "guetter"

Présent : 1. (nàm čīgédā)   Futur : 1. (nàm mà čígédā)
         2. (númá čígé?má?ā)   2. (númá mà čígé?má?ā)
         3. (nígí čígé?gíyā)   3. (nígí mà čígé?gíyā)

Accompli: 1. (nàm čīgédā)   Accompli 2 : 1. (nàm čīgédíyā)
         2. (númá čīgē?má?ā)   2. (númá čīgē?máyā)
         3. (nígí čīgē?gíyā)   3. (nígí čīgē?gíyā)

Subjonctif : 1. (nàm čīgèdà)
            2. (númá čīgè?mà?à)
            3. (nígí čīgè?gìyà)

         (hūròk gúnā)   "limer du bois"

Présent : 1. (nàm húrók gúnā)   Futur : 1. (nàm mà húrók gúnā)
         2. (númá húrókmá gúnā)   2. (númá mà húrókmá gúnā)
         3. (nígí húrókgí gúnā)   3. (nígí mà húrókgí gúnā)

Accompli: 1. (nàm hūrōk gúnā)   Acc. 2 :1. (nàm hūrōk gúníyā)
         2. (númá hūrōkmā gúnā)   2. (númá hūrōkmā gúníyā)
         3. (nígí hūrōkgī gúnā)   3. (nígí hūrōkgī gúníyā)

Subjonctif : 1. (nàm hūrok gúnā)
            2. (númá hūròkmà gúnā)
            3. (nígí hūròkgì gúnā)

II. SEGMENTATION DU SYNTAGME VERBAL

On voit que les distinctions s'opèrent en partie par l'adjonction
au syntagme verbal de morphèmes "pleins" (dont il subsiste une trace
au niveau de la structure phonématique des mots). Sur ce plan, je me
limiterai à quelques remarques, sans essayer de formaliser l'ensemble
des processus morpho-phonologiques. Je voudrais, en effet, étudier
principalement les marques tonales qui permettent de faire la distinction entre "inaccompli", "accompli" et "neutre". Mais il est clair

qu'une telle étude suppose la segmentation préalable du syntagme verbal
en ses éléments constitutifs, puisque le radical verbal et les morphèmes "pleins" constituent le support des schèmes tonals.

1. A l'intérieur de l'inaccompli, la distinction "présent"-"futur"
correspond, sur le plan de l'expression, à (absence de préfixe) - (mà-).

2. Dans le cadre de l'accompli, on peut relever le suffixe |-í|
"acc. 2" . Phonétiquement, cet élément se réalise (í) après une consonne
et (y) après une voyelle. Dans ce cas, le ton haut, qui appartient à
"acc. 2", est porté par la voyelle précédente. Remarquons qu'il ne
s'agit pas là, à proprement parler, d'un affixe verbal, puisqu'il est
rattaché au nom complément lorsque le verbe n'est pas employé intransi-
tivement.

3. Le verbo-nominal est formé par l'adjonction d'un suffixe dont
il existe plusieurs variantes :

(là)   / Radical terminé par |1-| .

(ŋà)   / Radical terminé par une consonne vélaire. Lorsque le radi-
cal se termine lui-même par |ŋ-|, le groupe |ŋ-ŋ| n'est pas perceptible
phonétiquement : (mòŋà) "ouvrir" doit être interprété comme (mòŋ-ŋà),
comme le montre le ton bas final.

(:-à) / Radical terminé par |r-|. Le radical du verbe (pīìrà)
"fuir en courant" sera donc |pir-| .

(na)   / Ailleurs, la nature du ton étant liée à la structure du
radical.

4. A ce dernier élément, on substitue, dans les formes person-
nelles, un affixe dont la réalisation phonétique est très variable.
Il est du type (ʔV) lorsqu'il suit immédiatement la voyelle du radical.
Le timbre de la voyelle obéit alors à une règle d'harmonie vocalique :

Voy. du radical	Voy. affixe	
étirée	(e)	(nam ciʔe)
arrondie	(o)	(nam ugoʔo)
neutre (a)	(a)	(nam kaʔa)

Il se réduit à la seule voyelle (a) lorsque la finale du radical est
consonantique : (nàm túda̅) "il marche".

EN fait, les affixes de verbo-nominal et de temps personnel

appartiennent également au système nominal; |-na| "indéfini ou général"
s'oppose à |-a| ou |?V| "défini ou particulier".

   (čũk-ŋà) "semer"   (nàm čũg-ā) "il sème"

   (nàm čũk wá-nā) "il sème du mil" (nàm čũk wá-?ā) "il sème le mil"

   Mais ces éléments, qui jouent le rôle de déterminants, tombent si
le nom ou le verbe sont déja déterminés par une unité quelconque (cas
des suites verbe + complément, nom + adjectif, nom + nom, verbe + ad-
verbe, etc.).

   5. Remarquons enfin l'existence de deux signifiants discontinus :
(númá ... uma/ma)   "nous"

(nígí ... igi/gi)   "vous"

   Les variantes (uma) et (igi) sont caractéristiques des verbes
monosyllabiques dont le radical se termine par une consonne simple.
Elles provoquent la chute de la voyelle finale du radical. Ailleurs, on
rencontre les variantes (ma) et (gi).

III. STRUCTURE DU RADICAL VERBAL.

   Si l'on excepte les formes de verbo-nominal, il n'existe que deux
types verbaux, le type 1 et le type 2, qui se distinguent à la fois
par leurs schèmes tonals et la nature de leur consonne initiale.

   On peut remarquer qu'il n'existe pas de ton bas initial dans les
verbes du type 2. parallèlement, il n'existe pas de ton moyen initial
dans les verbes du type 1. Ce phénomène recoupe une loi du système phonologique masa : l'existence d'un trait lié entre la consonne initiale
du mot et les possibilités tonales.

   1. Le ton bas est incompatible avec les initiales suivantes :
-Occlusives, fricatives et affriquées sourdes p, t, k, f, s, č, ȼ, h.

- Occlusives glottalisées ɓ, ɗ.

- Liquides l, r.

- semi-voyelles w, y.

- voyelles i, u, e, o, a.

   2. Le ton moyen est incompatible avec les consonnes sonores ayant
une correspondante sourde : b, d, g, v, z, ž , ƶ , ɦ.

   3. Il existe enfin une catégorie de consonnes initiales compatible avec le ton bas et le ton moyen. Ce sont les occlusives nasales
m, n, ŋ.

Ce phénomène, qui ne concerne pas seulement le verbe mais l'ensemble du système masa, peut être interprété, sur le plan phonologique, de trois façons différentes :

1. Les oppositions consonantiques sont liées au ton initial.

2. Les oppositions tonales sont liées à la consonne initiale.

3. Tons et consonnes sont solidaires et constituent, à l'initiale, un choix global.

Si on pose comme hypothèse que les consonnes sont subordonnées aux tons, on aboutit à une situation très complexe :

- Ton initial haut : Toutes les oppositions consonantiques sont réalisables.

- Ton initial moyen : Neutralisation des oppositions sourd/sonore.

- Ton initial bas : neutralisation des oppositions sourd/sonore et disparition des glottalisées, des liquides, des semi-voyelles. De plus, il est impossible, dans le cadre de cette hypothèse, d'expliquer l'absence du ton bas lorsque l'initiale est vocalique.

Si on pose l'hypothèse inverse, on se heurte au problème des nasales, qui seules admettent l'opposition haut/moyen/bas, alors que, dans tous les autres contextes, l'opposition moyen/bas est neutralisée.

La solution la plus simple consiste donc à poser un trait continu qui détermine à la fois les oppositions consonantiques et les oppositions tonales. Ce trait continu se réalise, sur le plan tonal, comme une opposition "registre haut" / "registre bas" qui constitue la clé, au sens musical du terme, du mot phonologique :

"registre haut" ton haut ou ton moyen.

"registre bas"   ton haut ou ton bas.

Cette opposition de registre n'est compatible qu'avec certaines consonnes : les nasales et les consonnes non sonantes non glottalisées. Au "registre haut" correspondent des consonnes sourdes et au "registre bas" des consonnes sonores; les nasales, qui sont des sonantes, ne sont pas affectées par les oppositions de registre.

Ce double phénomène - opposition de registre et opposition de sonorité - peut être interprété comme la réalisation, à deux niveaux différents, d'une opposition tendu/relaché :

+ Tendu   "registre haut" consonnes orales sourdes ou nasales.

- Tendu   "registre bas"   consonnes orales sonores ou nasales.

On peut désormais associer à chaque syllabe initiale une transcription phonologique, comme le montrent les exemples suivants :

(pá)   /(+Tdu) pá/   (pā)   /(+Tdu) pà/

(bá)   /(-Tdu) pá/   (bà)   /(-Tdu) pà/

(fá)   /(+Tdu) fá/   (fā)   /(+Tdu) fà/

(vá)   /(-Tdu) fá/   (và)   /(-Tdu) fà/

(mà)   /(-Tdu) mà/   (mā)   /(+Tdu) mà/

Seules les suites nasale + ton haut sont phonologiquement ambi-
gues : (má) peut être interprétée comme /(+Tdu) má/ ou /(-Tdu) má/.

Enfin, les syllabes commençant par une glottalisée, une liquide,
une semi-voyelle ou une voyelle ne seront pourvues d'aucune marque de
tension, le terme non marqué de l'opposition de tension étant (+Tdu).

Remarquons qu'il était possible d'aboutir à un résultat comparable dans le cadre de l'hypothèse 2 (oppositions tonales liées à
la consonne initiale). Il suffisait d'admettre que les consonnes
nasales connaissaient une opposition de tension, c'est à dire qu'il
existait six phonèmes nasalisés. Mais cette solution est apparue à la
fois moins réaliste et moins simple que celle qui consiste à poser
un trait continu :

1. Pour les consonnes nasales, l'opposition (+Tdu) / (-Tdu) ne
recoupait aucune réalité phonétique.

2. Le système masa ne connait pas d'opposition sourd / sonore
à l'intérieur des mots. Il paraissait donc plus simple d'éliminer
cette opposition à l'initiale.

Cette analyse recoupe, sur le plan morphologique, notre répartition des verbes en deux types : le type 1 sera défini comme (-Tdu)
et le type 2 comme (+Tdu).

(bàná)   "perdre"   forme de base |(-Tdu) pa-|

(ŋòná)   "ouvrir" |(-Tdu) ŋo-|

(ĥùùrà)   "avancer" |(-Tdu) hur-|

(gàŋà)   "guérir" |(-Tdu) kaŋ-|

(tīná)   "manger" |(+Tdu) ti-|

(číwnà)   "pêcher" |(+Tdu) čiw-|

(ʒùgónā)   "goûter"   )(-Tdu) čuko-|

(cīgè?nà)   "guetter" |(+Tdu) čikeɗ-|

etc...

IV. LES MARQUES TONALES.

On a supposé que la forme de base des radicaux ne comportait aucune indication tonale. On fera la même hypothèse pour la deuxième partie des signifiants discontinus de "1 pl" et "2 pl" et pour le déterminant final. Seuls le préfixe |mà-| "futur" et le suffixe |-í| "acc. 2" auront une forme de base intonée .

Il nous faut à présent attribuer une forme de base aux marques tonales correspondant à "Inaccompli", "Accompli" et "Neutre".

		Type 1 (- Tendu)		Type 2 (+ Tendu)	
		Radical 1 syllabe	Radical 2 syllabes	Radical 1 syllabe	Radical 2 syllabes
INACCOMPLI	S. V. simple	(B)-H (B)H-M	(BH)-M (BM)H-M	(H)-M (H)H-M	(HH)-M (HH)H-M
	S. V. complexe	(BM) (B)H	(BM) (BM)M	(H) (H)H	(HH) (HH)H
ACCOMPLI	S. V. simple	(H)-M (H)M-M	(HM)-M (HM)M-M	(M)-H (M)H-M	(MH)-M (MM)H-M
	S. V. complexe	(H) (H)M	(HM) (HM)M	(M) (M)M	(MM) (MM)M
SUBJONCTIF	S. V. simple	(B)-B (B)B-B	(BB)-B (BB)B-B	(M)-B (M)B-B	(MB)-B (MB)B-B
	S. V. complexe	(B) (B)B	(BB) (BB)B	(MB) (M)B	(MB) (MB)B

Ce tableau, qui rassemble la totalité des schèmes tonals attestés à l'inaccompli, à l'accompli et au subjonctif, se lit de la façon suivante :

B = ton bas, M = ton moyen, H = ton haut.

Les tons frappant le radical verbal sont mis entre parenthèses.

Le ton frappant le déterminant final est précédé d'un tiret.

Le ton frappant la marque d'accord aux deux premières personnes du pluriel est accolé au radical sans tiret.

Dans chaque case du tableau sont inscrits deux schèmes tonals : le premier correspond à "1 sg", "2 sg", "3 sg", "3 pl", le second à "1 pl" et "2 pl".

1. L'accompli.

Au premier abord, la formation de l'accompli semble obéir à des règles différentes pour le type 1 et le type 2. Le type 1 nous paraît être caractérisé par un ton haut initial, le type 2 par un ton haut sur la deuxième ou la troisième syllabe du mot.

En fait, le ton haut du type 2 est lié à la présence du déterminant final : (nàm kā-?á) "il a coupé" (M)-H

(númá kāmá-?ā) "nous avons coupé" (M)H-M

(nàm kā sīnī) "il a menti" (M)

(númá kāmā sīnī) "nous avons menti (M)M

On peut donc poser, comme première marque tonale d'accompli (type 2), un ton (+ Haut) précédant le déterminant final et solidaire de ce déterminant. Il nous faut, d'autre part, prévoir le ton de la première syllabe du radical; pour le type 2, ce ton sera (- Haut). On obtient alors les formes de base suivantes :

Radical	(-H)-+H.	(-H)
1 syllabe	(-H).-+H.	(-H).
Radical	(-H.)-+H.	(-H.)
2 syllabes	(-H.).-+H.	(-H.).
	SV simple	SV complexe

A partir de ces formes de base, il est possible de retrouver les formes attestées en prévoyant les règles suivantes :

R 1. Le ton non syllabique se réalise sur la syllabe précédente si celle-ci n'est pas intonée . Si la syllabe précédente est intonée il se réalise sur la syllabe suivante.

Radical	(-H)-+H
1 syllabe	(-H)+H-.
Radical	(-H+H)-.
2 syllabes	(-H.)+H-.
	SV simple

Si on admet les définitions ton moyen $\begin{bmatrix} -H \\ -B \end{bmatrix}$, ton haut $\begin{bmatrix} +H \\ (-B) \end{bmatrix}$, ton bas $\begin{bmatrix} (-H) \\ +B \end{bmatrix}$, on peut prévoir la réalisation des tons -H initiaux, qui est liée, comme on l'a vu précédemment, à l'opposition -Tdu / +Tdu.

R 3. $(-\alpha B)$ / $(\alpha Tdu) \# \begin{bmatrix} -H \\ - \end{bmatrix}$

On pourrait prévoir enfin un ton moyen sur toutes les syllabes non intonées. Mais le cas particulier de l'accompli s'intègre dans un mécanisme plus général. Il est donc préférable de laisser, pour l'instant, le problème en suspens.

L'accompli du type 2 est donc caractérisé par deux tons, un ton initial (-H) et un ton interne (+H). Si on examine les formes du type 1, on constate qu'il est possible de postuler un processus inverse :

1. Ton initial (+H)

2. Ton (-H) précédant le déterminant final et solidaire de ce déterminant.

Il existe donc une règle unique de formation de l'accompli :

$$(-\alpha H)_1 \ldots (\alpha_2 H) \Big/ (\alpha \text{Tdu}) \# (\frac{}{1}) \ldots (\frac{}{2}) \left(^X\right)_{\text{déterminant}}$$

2. L'inaccompli.

Le tableau général de la page précédente montre que, pour l'essentiel, l'inaccompli est caractérisé par deux marques tonales :

- Un ton (α H) initial, qui se réalise (-H) dans le type 1, c'est à dire (+B) après application de la règle 3; pour le type 2, le ton (α H) se traduit en surface par un ton (+H).

- Un ton (+H) dont la place reste à définir.

Cependant, si on examine les faits dans le détail, on remarque qu'il existe deux modes de formation de l'inaccompli. Les verbes du type 1 radical dissyllabique obéissent à une règle de formation comparable à celle de l'accompli. Le seul changement concerne la valeur des variables :

Inaccompli type 1 radical dissyllabique.

$$(\alpha H)_1 \ldots (+H)_2 \Big/ (\alpha \text{Tdu}) \# (\frac{}{1}) \ldots (\frac{}{2}) \left(^X\right)_{\text{déterminant}}$$

Là encore, le ton (+H) est solidaire du déterminant qu'il précède. C'est ce qui explique l'absence des tons hauts dans les syntagmes verbaux complexes.

On obtient donc les formes de base suivantes :

	SV simple	SV complexe
Type 1 Radical	|(-H .) - +H .|	|(-H .)|
2 syllabes	|(-H .) . - +H .|	|(-H .) .|

Après R 1 (placement du ton non syllabique)

|(-H+H) - .	|(-H .)
|(-H .) +H - .	|(-H .) .

R 2 (non formulée) introduit $\begin{smallmatrix}-H\\-B\end{smallmatrix}$ dans les syllabes non intonées

|(-H+H) - -H
        -B
	|(-H-H)
	    -B

|(-H-H) +H - -H
    -B   -B
	|(-H-H) -H
	    -B -B

R 3 introduit le trait (+B) à l'initiale.

|(-H+H) - -H
  +B   -B
	|(-H-H)
	  +B-B

|(-H-H) +H - -H
  +B-B   -B
	|(-H-H) -H
	  +B-B -B

Ce sont les formes attestées.

Dans les verbes autres que le type 2 radical dissyllabique, le ton haut se maintient dans les syntagmes verbaux complexes. Il n'est donc pas solidaire du déterminant final. De plus, pour les verbes du type 2 radical dissyllabique, c'est l'ensemble du radical qui est défini comme (α H) et non la seule syllabe initiale. Ces deux remarques nous conduisent à poser la règle suivante :

Inaccompli type 1 radical monosyllabique et type 2.

$$(\underset{1}{\alpha} H) \ldots (\underset{2}{+H}) \Bigg/ (\alpha Tdu) \;\#\; \underbrace{\left[(\overline{})_1 \left((\overline{})_1 \right) \right]}_{\text{Radical}} \ldots (\overline{})_2 \begin{cases} (x) \text{ déterminant} \\ \# \end{cases}$$

On obtient les formes de base suivantes :

Type 2	Radical 1 syllabe	|(+H) - +H .| |(+H) . - +H .|	|(+H) - +H| |(+H) . - +H|
	Radical 2 syllabes	|(+H+H) - +H .| |(+H+H) . - +H .|	|(+H+H) - +H| |(+H+H) . - +H|
Type 1		|(-H) - +H .| |(-H) . - +H .|	|(-H) - +H| |(-H) . - +H|

Pour expliquer la réalisation du ton (+H) non syllabique, il faut

préciser la règle 1, qui n'a pas été formalisée. A partir des formes
que nous venons de poser, nous prévoirons deux cas de recul du ton
non syllabique :

1. La syllabe précédente n'est pas intonée.

2. La syllabe précédente possède un ton identique au ton non syllabique. Dans ce cas, les deux tons se confondent.

Si aucune de ces deux conditions n'est remplie, le ton est porté
par la syllabe suivante.

R 1. Placement du ton non syllabique.

$$(1) \quad \left. \begin{bmatrix} \begin{bmatrix} \alpha H \\ X \end{bmatrix} \\ \begin{bmatrix} X \end{bmatrix} \end{bmatrix} \right\} \begin{bmatrix} \alpha H \\ \emptyset \end{bmatrix} \quad \longrightarrow \quad \begin{bmatrix} \alpha H \\ X \end{bmatrix} \begin{bmatrix} \emptyset \end{bmatrix}$$

$$(2) \quad \begin{bmatrix} \alpha H \\ \emptyset \end{bmatrix} \begin{bmatrix} X \end{bmatrix} \quad \longrightarrow \quad \begin{bmatrix} \emptyset \end{bmatrix} \begin{bmatrix} \alpha H \\ X \end{bmatrix}$$

Enfin, il existe un cas où aucune des deux sous-règles ne s'ap-
plique :
Type 1 Radical 1 syllabe |(-H) - +H .| Dans ce cas, le masa sauve-
garde les distinctions en utilisant un ton complexe BM. (nàm gĭ tūàmù)
"il plonge".

Après application de R 1 :

Type 1	Radical 1	(+H) - +H	(+H)
	Syllabe	(+H) +H - .	(+H) +H
	Radical 2	(+H+H)- +H	(+H+H)
	syllabes	(+H+H) +H - .	(+H+H) +H
Type 2		(-H) - +H	R 1 non applicable
		((-H) +H - .	(-H) +H

Il suffit alors de poser un ton moyen sur les syllabes non intonées (R 2) et d'introduire le ton bas à l'initiale du type 2 (R 3)
pour aboutir aux formes attestées.

3. Le neutre.

Le subjonctif est caractérisé par la succession de tons bas.
Seuls les verbes du type 2 ne sont pas entièrement bas mais pos-
sèdent un ton initial moyen. Or, la règle 3 prévoit la réalisation
ton moyen d'un ton bas initial dans le type 2 (+ Tdu). On posera donc,
comme forme de base du neutre, un ton (+B) initial :

Neutre

$$(+B) \Big/ \ \# \ (\text{---})$$

On obtient les formes de base suivantes :

Type 1	Radical 1	I(+B) - .I	I(+B)I
	syllabe	I(+B) . - .I	I(+B) .I
	Radical 2	I(+B .) - .I	I(+B .)I
	Syllabes	I(+B .) . - .I	I(+B .) .I
Type 2	Radical 1	I(+B) - .I	I(+B)I
	syllabe	I(+B) . - .I	I(+B) .I
	Radical 2	I(+B .) - .I	I(+B .)I
	syllabes	I(+B .) . - .I	I(+B .) .I

On dispose désormais de tous les éléments nécessaires à la formulation de la règle 2 . Cette règle doit prévoir la réalisation des
syllabes non intonées dans la forme de base et des syllabes internes
simplement définies comme (-H), pour lesquelles subsiste une ambiguité (ton moyen / ton bas). Cette ambiguïté existe notamment dans les
formes d'accompli du type 1 qui, après application de la règle 1, sont
définies comme suit :

Type 1	Radical 1	(+H) - -H
	syllabe	(+H) -H - .
	Radical 2	(+H-H) - .
	syllabes	(+H .) -H - .

Le problème ne se pose que pour les segments définis (-H). Tout
segment défini (+H) est implicitement considéré comme (-B); inversement, le trait (+B) implique nécessairement le trait (-H).

Si on admet ces conventions de marquage, on peut formuler la règle 2 en distinguant deux sous-règles :

. Tout élément non défini du point de vue du trait (bas) sera défini 1. (+B) si la syllabe précédente est pourvue d'un ton bas

2. $\begin{bmatrix} -H \\ -B \end{bmatrix}$ dans tous les autres cas.

R 2. Réalisation des tons non marqués.

$$(B) \longrightarrow \begin{cases} (1) & (+B) \quad / \quad (+B) \underline{\quad\quad} \\ (2) & \begin{bmatrix} -H \\ -B \end{bmatrix} / \quad \text{ailleurs} \end{cases}$$

L'application de cette règle, suivie de la règle 3 qui assigne un ton moyen initial aux verbes du type 2, permet de retrouver les formes attestées. La seule exception concerne le type 2 monosyllabique (SV complexe), où on substitue, à la forme théorique ton moyen, un ton modulé moyen-bas. Il s'agit là d'un procédé permettant de sauvegarder les distinctions : le ton modulé interdit toute confusion entre accompli et subjonctif en conservant le ton bas spécifique du neutre.

Il faut remarquer que les trois règles de réalisation sont ordonnées et doivent être appliquées successivement à l'ensemble du mot en commençant par la syllabe de gauche. Pour illustrer l'importance de l'ordre des règles, on peut citer deux exemples de dérivation :

(1) (númá ʒùgōmáʔā) "nous goûtons" (-Tdu) |(-H .) . - +H .|

(2) (númá cīgèʔmàʔà) "que nous guettions" (+Tdu) |(+B .) . - .|

R 1. ⟶ (1) (-H .) +H - .

(2) inchangé

R 2. ⟶ (1) (-H-H) +H - -H   Le deuxième ton du radical
              -B-B   -B   est moyen, puique, à ce stade de

la dérivation, le ton initial est moyen. Il ne sera défini comme bas que dans la règle 3

(2) (+B+B) +B -+B Ici, tous les tons sont bas puisque, à ce stade de la dérivation, le ton initial est bas. Il ne sera défini comme moyen que dans la règle 3.

R 3. ⟶ (1) (+B-H) +H - -H   (ʒùgōmáʔā)
              -B   -B

(2) (-H+B) +B - +B   (cīgèʔmàʔà)
        -B

Ce sont les formes attestées.

Les mécanismes présentés ici peuvent apparaître comme abstraits
et peu réalistes. Cependant, si on examine les faits de façon globale,
on voit que, pour un verbe donné, le changement d'aspect se traduit,
à quelques détails près, par une inversion des tons initiaux : alternance haut / moyen ou haut/ bas. D'autre part, il est clair que, à l'
accompli comme à l'inaccompli, le ton initial du type 1 est inverse
du ton initial du type 2.

Par conséquent, si le subjonctif et le verbo-nominal peuvent
être définis de façon absolue, la formation de l'accompli et de l'inaccompli obéit à des règles relatives et doit être défini par des variables.

Les règles "en alpha" traduisent, à mon sens, la réalité du système masa, en montrant que l'unité de chacun des deux aspects réside
dans son rapport constant au registre du radical : accord avec le
registre du radical pour l'inaccompli, inversion de ce registre pour
l'accompli.

ANNEXE

Tableau phonétique du masa "goumaye"

a/ Consonnes

		bilabial	Labio dental	Alvéo- dental	Palato- alv.	Vélaire	Glottal.
Occlus.	glottal.	ɓ		ɗ			
	sourd.	p		t		k	?
	sonore	b		d		g	
	nasal.	m		n		ŋ	
affriqué	sourd.				ʤ		
	sonore				ʒ		
fricat. non latéral	sourd.		f	s			h
	sonore		v	z			ɦ
fricatif latéral	sourd			ɬ			
	sonore			lʒ			
liquide	latéral			l			
	vibrant			r			

b/ Voyelles

```
        i    u              ii    uu
        e    o              ee    oo
           a                   aa
        brèves             longues
```

c/ Tons

- tons ponctuels

- tons modulés (sur une voyelle brève)

v́	ton haut	v̀⁻	bas-moyen
v̄	ton moyen	v̄̀	moyen-bas
v̀	ton bas		

HENRI TOURNEUX

RACINE VERBALE EN MULWI

Pour pouvoir rendre compte de la formation des verbo-nominaux, des adverbaux et des abstraits dérivés en mulwi, nous avons é- té amené à dégager les racines verbales de cette langue (encore appelée vlùm ou musgu). Pour cela, nous avons dû postuler l'exis- tence, sur un plan structurel, ou morphophonologique, de conson- nes labialisées s'ajoutant aux consonnes précédemment établies par une étude phonologique.

Voici l'ensemble des morphophonèmes que nous posons pour rendre compte des 456 racines verbo-nominales que nous avons re- cueillies :

glottal	'b $*'b^w$		'd $'d^w$			
sourd	p p^w	f f^w	t t^w	ɬ $ɬ^w$	s s^w	k k^w
sonore	b b^w	v v^w	d d^w	ɮ $ɮ^w$	z z^w	g g^w
nasal	m m^w		n n^w			ŋ $ŋ^w$
continu	w		r r^w	l l^w	y y^w	h h^w

$*'b^w$ n'est pas attesté dans le corpus, mais on peut raisonnable- ment espérer le rencontrer dans un ensemble plus vaste.

Il nous faut également postuler l'existence de deux morpho-
tonèmes : Haut et Bas qui se combinent pour donner naissance à
quatre schèmes tonals structurels :

B	schème structurel Bas
BH	schème structurel Montant
H	schème structurel Haut
HB	schème structurel Descendant

Structure des racines verbales

Les racines verbales du mulwi se composent d'un schème consonantique et d'un schème tonal.

5,3% des racines sont		uniconsonantiques
50,7%	"	biconsonantiques
42,5%	"	triconsonantiques
1,5%	"	quadriconsonantiques

Elles se répartissent entre les quatre schèmes tonals structurels
de la façon suivante :

B	36,84%
BH	30,7%
H	32,02%
HB	0,44%

Les racines ayant pour première consonne un morphophonème sonore
ne peuvent avoir les schèmes tonals H ni HB. En dehors de cela,
l'appartenance de tel schème consonantique structurel à tel schème tonal structurel est non prédictible.

Echantillon de racines verbales

Français	Racine	Français	Racine
abattre	b ` l ´	chauffer	s^w ` w `
accoucher	p^w ´ k ´		s ` w `
acheter	l ` v ´	compter, conter	p ´ ł ´
	w ´ r ´	couper, trancher	ł `
aimer	d ` r ´	couper, récolter (des céréales)	'd ꞉ k^w ´ l ´
	f ´ r ´ y ´	chercher	p ´ y ´
aller	v `	coucher (se)	f ´ n ´
année (passer l')	b ` z `	courir	l ´ w `
appeler (s')	y ` k `		r ´ v `
arracher	h ` r ` 'd `	cracher	ł ` 'b ´
arriver	g `	creuser	v ´ r^w ` g ´
asseoir (s')	s ´ m ´ n ´		z ` $g^w$ ` 'd ´
attacher	t ´ 'b ´	croître	w ` l `
attendre	b ` y .	croquer	b^w ` g ´
attraper	y ` m `	cuire	d `
avaler	r ` 'b `		d ´ y ` v ´
aveugler, devenir aveugle	ŋ ` l ` v ´	cultiver	h ´ r ´ m ´
balayer ; débrousser	d^w ` g ´	danser	d ` m `
		debout (se tenir)	'd ´ y ´
blanchir	'b ` r ` h `	déchirer	'b `
boire	s `	déféquer	d ` y ` d ´
brûler	y `	demander	z ` l ` b `
cacher	$ŋ^w$ ´ y `	dépecer	l ´ f ´ t ´
casser	h ` 'd `	détacher	b ` d ´
chanter	z ` n ´	diminuer	f ´ y ´
chasser (to hunt)	b ` r ` g `	empêcher	s ´ k ´

emporter	k ´	mauvais (être)	t ´ w ´ r ´
enfler	h ´ t ´ l ´	monter	t ´ p ´
entendre	ɫ ´ n ´	montrer	ŋ ``
entrer	n ` y `		s ` t ` r `
envoyer	ɫ ´ n ´	mordre	l ` m `
éveiller (s')	ʒ ` y ´	moudre	s ´ r ´
faire	z `	mouiller	d ` y ` 'b `
fatigué (être)	k ` y `	mourir	m ` r ´
fermer	dᵂ ` g ´	nager	ŋ ` ʒ ´
finir	g `d `	naître, mettre au monde	w `
fondre le métal	yᵂ ´ r ´		
forger	g ` ʒ ´	noircir	l ` g ` n `
frapper	ɫ ` 'b `	ouvrir	m ´ l ´
goûter, tâter, essayer	t ´ m ´	parler	m ` 'd `
			lᵂ ´ w ´
grossir	'dᵂ ´ r ´	partager	'b ´ r ´ w ´
	l ´ k ´	payer	v ´ r ` g `
guérir	k ` rᵂ ` 'd `	pêcher	tᵂ ´ m ´
guerroyer	h ´ t ´ m ´	pencher (se)	gᵂ ` 'b ´
habituer (s')	h ` t ` r `	penser	h ´ y ´ n ´
hâter (se)	gᵂ ` z ´	pétrir avec les pieds	g ` ʒᵂ ` 'b ´
houer	d ` l ` 'b `		
jeter, lancer	ɫ ` n ` k `	peur (avoir)	hᵂ ` n `
journée (passer la)	y ` v ´	planter, enterrer	p `
laver	m `	plein (être)	v ` g `
manger	s ` m `	pleurer	tᵂ ´ w ´
marcher, aller	h ´ l ´	porter	l ` b `
	k ´ l ´	pourrir	h ` v ´

prendre	t ` k `	toucher	d ` k$^w$ ` 'd
préparer (sauce, bouillie ou breu- vage épais)	ʒ^w ` g `		z^w `ˊ
		tousser	h^w ˊ ɬ ˊ
prêter	t ˊ f ˊ	tresser	l ˊ f ˊ
regarder	'd ` g$^w$ ` l ˊ	tromper	k ˊ r ˊ
respirer	s ˊ ŋ ˊ f ˊ		r ` ħ `
retourner	w ˊ y ˊ	trouver	d ` r `
rire	r ` y `	tuer	f ` 'd `
roter	r ` ʒ ˊ	uriner	p ˊ r ˊ n ˊ
sauter	p ˊ r ˊ	vanner	f ˊ r `
savoir	s ` 'd `	venir	s^w `ˊ
sec (être)	h ˊw ˊl ˊ	voir	t ˊ l ˊ
secouer	g ` z ˊ	voler (to steal)	ḥ ˊl
semer	m ` l `	voler (to fly)	b ` r `
sentir (odeur)	l ` g$^w$ ` z ˊ		'd ` f ` l `
souffler (avec un soufflet)	v^w ` w ˊ	vomir	h ` ŋ ` v ˊ
souffler (vent), cou- ler (eau)	k `		h ` ŋ$^w$ ` v ˊ
souffler (avec la bouche)	y ` b ˊ		
sucer, embrasser	s ˊ 'b ˊ		
surpasser	s ˊ w ˊ		
tisser	h ˊ		
tomber	k ˊ ɬ ˊ		
tonner	'b ` r `		

Saint Hilaire des Landes le 19 septembre 77

Daniel Barreteau

ASPECTS DE LA MORPHOLOGIE NOMINALE DU MOFU-GUDUR

Nous n'aborderons ici que quelques aspects de la morphologie du nominal en mofu-gudur[1] et notamment, nous essaierons de dégager les principaux affixes et d'analyser quelques procédés de dérivation.

Après un rappel des caractéristiques du système phonologique de la langue et une présentation générale de la forme des nominaux, nous constaterons tout d'abord l'absence de marque de genre et de nombre dans la structure interne des nominaux, puis nous examinerons les formations nominales avec voyelle initiale, ton haut flottant antéposé, préfixe ma-, redoublement partiel ou total d'un radical, suffixe nasal et/ou vélaire dans des noms d'animaux, suffixe possessif dans certains termes de parenté, suffixe vocalique à ton contrastif.

Nous distinguerons la description des faits de l'analyse et de tentatives d'explication de chacun des procédés, et cela d'autant plus que nos hypothèses se fondent principalement sur une description synchronique du mofu-gudur. Nous sommes conscient en effet des difficultés liées aux recherches étymologiques dans l'étude des dérivés et par conséquent nous nous devons d'être très prudent dans nos propositions en attendant confirmation ou infirmation de nos hypothèses à la fois par un approfondissement de l'étude des procédés de dérivation propres au mofu-gudur — nous devrons en particulier envisager le problème des changements vocaliques et tonals entre les bases et les dérivés — mais aussi par l'apport d'éléments de comparaison.

Nous choisirons autant que possible nos exemples dans la "Liste lexicale mofu-gudur" proposée dans cet ouvrage afin de faciliter des recherches comparatives.

1. SYSTEME PHONOLOGIQUE ET STRUCTURE GENERALE DU NOMINAL

1.1. Les consonnes

Les phonèmes consonantiques, au nombre de 33, sont tous attestés en position initiale et intervocalique[2]. Par contre, en position finale, l'opposition sourde/sonore pour les occlusives orales est neutralisée au profit des réalisations sourdes ; l'opposition nasale/mi-nasale est neutralisée au profit des réalisations continues, c'est-à-dire des nasales. Soit le système phonologique suivant[3] :

Position initiale et intervocalique   finale

ɓ	ɗ		ʔ			ɓ	ɗ		ʔ	
p	t	c	k	kw		p	t	c	k	kw
b	d	j	g	gw						
mb	nd	nj	ng	ngw		m	n		ng	ngw
m	n									
f	s	ɬ	h	hw		f	s	ɬ	h	hw
v	z	ɮ				v	z	ɮ		
l	y			w		l	y			w
v̂	r						r			

Après ce tableau des consonnes non-syllabiques, il faudrait ajouter la consonne syllabique nasale m̥[4] que l'on rencontre à l'initiale de certains noms tels que m̀tér "*Khaya senegalensis* MELIACEES (caïlcédrat)", m̀sák "(poudre) ocre", ´m̀zèw "minerai de fer", ´m̀kàl "graisse".

1.2. Les voyelles

Le système vocalique ne comporte que trois phonèmes répartis selon une double opposition de relâchement et d'antériorité, le trait d'antériorité n'étant pas pertinent pour la voyelle relâchée :

$$\text{ə} \qquad \text{[+ relâchée]}$$

$$\text{e} \qquad \text{a} \qquad \text{[- relâchée]}$$
$$\text{[+ antérieure] [- antérieure]}$$

Signalons que la voyelle relâchée /ə/ n'est jamais attestée en syllabe finale (absolue) qui correspond à une position accentuée. Par ailleurs, l'opposition de relâchement est neutralisée devant les séquences consonantiques (ou, si l'on veut, dans les syllabes fermées en position interne) au profit de la voyelle relâchée[3].

La caractéristique essentielle du système vocalique dans les nominaux[6] est que ne peuvent se succéder à l'intérieur d'un même mot, sans coupe morphologique, des voyelles de timbre différent, étant entendu que la voyelle relâchée n'a pas un timbre caractéristique. Ce principe d'assimilation vocalique est si bien établi que l'on peut diviser les nominaux en deux classes phonologiques, l'une avec la voyelle /e/, l'autre avec la voyelle /a/[7]. On relève ainsi les paires semi-minimales[8] suivantes :

classe e		classe a	
méy	"bouche, parole, langue"	mày	"faim, famine"
vér	"chambre"	vàr	"pluie"
éʒèɗ	"abri d'entrée (case)"	áʒàm	"épervier"
dèngwél	"queue"	ˊdàngwàr	"canne"
ˊdèdèwè	*Leptadenia hastata* ASCLEPIADACEES"	ˊdàdàwà	"coeur

Des mots tels que ⁺eʒam, ⁺aʒem, ⁺dedawa, ⁺dadewa, ⁺dadewe, etc., sont impossibles dans la langue.

En dehors des syllabes finales et de la position initiale absolue, le schwa peut apparaître aussi bien dans l'une ou l'autre classe :

classe e				classe a			
avec schwa		sans schwa		avec schwa		sans schwa	
bèlé	"faiblesse"	ˊbèlè	"favori"	bèlá	"monde"	bálàk	"séchoir"
		mbéʒé	"mal"	mbèʒá	"forgeron"	mbàʒà	"bière chaude"
ˊdàngèɗ	"piège en bois"	déngès	"piège pour gros animaux"	dàngàl	"tas de pierres"	ˊdàngày	"front"
				cálà	"sosie"	cálàw	"poterie réservée aux forgerons"

1.3. Les tons

Les deux tons ponctuels haut et bas ont une fonction distinctive de peu de rendement dans les nominaux puisque nous n'avons relevé dans notre corpus qu'une seule paire minimale parfaite[9] : gàlàng "mil rouge sp." *vs* gálàng "terrain autour de la case".

Nous verrons plus loin le rôle lexical des tons hauts flottants antéposés.

Il est possible qu'au ton haut corresponde un accent, ce qui expliquerait l'absence quasi générale de voyelles relâchées avec ton haut.

1.4. Les syllabes

Les types syllabiques les plus représentés sont CV[10] et CVC : łá "vache, bovin", hwáɗ "ventre".

On rencontre également des syllabes de type *V*, mais uniquement à l'initiale de mots : **ángwà** "pierre, montagne", **ézèm** "bélier".

Un problème d'interprétation se pose pour les syllabes de type *CCV* et *CCVC*. En effet, les exemples de ce type présentent des variantes libres avec une voyelle très brève à ton bas entre les deux premières consonnes : [ɬrá] ~ [ɬə̀rá] "travail", [skwáy] ~ [sə̀kwáy] "clan".

Par analogie, on pourrait penser que les voyelles relâchées[11] à ton bas sont le plus souvent des voyelles épenthétiques permettant la réalisation de groupes consonantiques difficiles à réaliser sans cela. Ainsi, deux interprétations semblent possibles : ou bien l'on retient le schwa comme un phonème de la langue et l'on écarte la possibilité de groupes consonantiques, ou bien l'on considère le schwa comme une voyelle d'appui apparaissant dans la réalisation de groupes consonantiques :

réalisations phonétiques	1ère hypothèse *CCV(C)*	2ème hypothèse *Cə̀-CV(C)*	sens
[ɬrá] ~ [ɬə̀rá]	ɬrá	ɬə̀rá	"travail"
[skwáy] ~ [sə̀kwáy]	skwáy	sə̀kwáy	"clan"
[vlèy] ~ [və̀lèy]	ʼvlèy	ʼvə̀lèy	"calebasse"
[ɗùwá]	ɗwá	ɗə̀wá	"sein, lait"
[kìyá]	kyá	kə̀yá	"lune, mois"
[ɗìyáŋ]	ɗyáng	ɗə̀yáng	"oiseau (nom gén.)"
[gìdéy]	gdéy	gə̀déy	"chien"
[gə̀náw]	gnáw	gə̀náw	"animal domestique"
[kùcɔ̀m]	kwcàm	kwə̀càm	"daman des rochers"
[ɬùwéɗ]	ɬwèɗ	ɬə̀wèɗ	"couteau"
[wùdéz]	wdéz	wə̀déz	"arbre (nom gén.)"
[yìdéŋ]	ydéng	yə̀déng	"case abandonnée"

Le problème se complique un peu avec la consonne nasale syllabique m̩. En effet, elle se réalise toujours avec un ton bas et le plus souvent avec l'appui d'une voyelle très brève, ce qui rappelle évidemment le cas précédent, d'où les trois hypothèses :

réalisations phonétiques	1ère hypothèse *CCV(C)*	2ème hypothèse *Cə̀-CV(C)*	3ème hypothèse *m-CV(C)*	sens
[m̀kàl]~[mə̀kàl]	ʼmkàl	ʼmə̀kàl	ʼm̀kàl	"graisse"
[m̀sák]~[mə̀sák]	msák	mə̀sák	m̀sák	"ocre"
[m̀tér]~[mə̀tér]	mtér	mə̀tér	m̀tér	"caïlcédrat"

Faute d'arguments encore vraiment décisifs, nous retiendrons à la fois les

trois interprétations en nous basant sur les différentes possibilités de réalisation phonétique, à savoir :

- des groupes consonantiques lorsque cela est possible phonétiquement : ɬrá, skwáy,
'vlèy ;

- un schwa intermédiaire phonologique lorsque la séquence consonantique est impossible à réaliser phonétiquement sans cette voyelle : dəwá , kəyá, dəyáng, etc. ;

- une nasale syllabique lorsque la succession peut se réaliser sans voyelle d'appui bien que le ton soit toujours respecté : 'm̀kàl, m̀sák, m̀tér.

2. STRUCTURE MORPHOLOGIQUE DU NOMINAL

2.1. Le genre et le nombre

Aucune marque de genre ni de nombre n'apparaît dans la structure interne du nominal.

Seulement lorsque l'on veut spécifier qu'un animal est une femelle on utilise
un syntagme avec comme premier terme mádéyà "la femelle" — qui se contracte en
mádəy [mádì] dans le syntagme — et le nom de l'espèce animale en deuxième position[12] :

noms génériques (ou masculins)		noms féminins	
ɬá	"boeuf, bovin"	mádəy.ɬá	"vache"
pèlès	"cheval"	mádəy.pèlès	"jument"
tèɓáng	"mouton"	mádəy.tèɓang	"brebis"

Aucune distinction de genre ne se manifeste dans les pronoms, ni aucun accord
dans les adjectifs.

Le pluriel est marqué par la simple adjonction d'un morphème postposé hày, qui
peut d'ailleurs être reporté après les déterminants :

ɬá hày	"les boeufs"
ɬá mábàrá hày	"les boeufs blancs"
ɬá mábàrá kèɗé hày	"ces boeufs blancs".

2.2. Voyelle initiale

Nous avons relevé 32 nominaux avec un voyelle initiale. Leurs différentes structures, avec un décompte de leurs fréquences relatives, figurent dans le tableau suivant, d'où il ressort que la grande majorité de ces nominaux (84,4%) est de la forme $\acute{V}$-$c\grave{V}c$.

structure syllabique \ schème tonal	H-B	B-B	B-H
V-CV	1 (3,1%)	-	1 (3,1%)
V-CVC	27 (84,4%)	2 (6,3%)	1 (3,1%)

Afin de donner une liste comparative avec celle du mulwi proposée par H. TOUR-
NEUX dans ce même ouvrage, nous pouvons en dresser ici un inventaire complet en le
divisant selon les deux classes phonologiques e et a.

classe e   classe a

voyelle initiale a-	ábès	"pluie continue"	ádàs	"caillou de divination"
	ágwèl	"éternuement"	áhwàm	"souris (nom gén.)"
	ámès	"enclume"	ákwàr	"nasse à souris"
	ángwèc	"poil, cheveux"	álàf	"manche (d'outil)"
	ávèc	"collier de crin"	álàr	"arbre sp."
	áwèɬ	"jeune pousse"	àlàs	"arbre sp."
	áwèt	"poisson (nom gén.)"	áɟàm	"épervier"
	ècé	"*Securinega virosa* EUPHORBIACEES"	ámàm	"abeille, miel"
			ámbàl	"peau (humaine)"
voyelle initiale e-	éjèng	"chance"	ángwà	"pierre, montagne"
	èjèr	"cardinal"	ánjàl	"paille"
	éɟèɗ	"abri d'entrée"	àrác	"scorpion"
	ésèf	"déchet de bière"	ávàngw	"charbon de bois"
	ézèm	"bélier"	ávày	"calebasse cylindrique sans col"
			áwàp	"coussinet de tête"
			áwàw	"feu"
			áyàkw	"criquet, insecte (nom gén.)"
			áyàng	"écureuil terrestre"
			ázàt	"*Gardenia sp.* RUBIACEES" ?

A travers cette liste, on constate que le timbre de la voyelle initiale s'assi-
mile à celui de la voyelle suivante (voyelle radicale si l'on peut dire). Cependant, la voyelle est généralement [-antérieure] devant les consonnes labiales et
labio-vélaires comme on peut le voir dans les mots ábès, ágwèl, ámès, etc.

En contexte, la voyelle initiale s'élide mais non le ton haut qui se main-
tient : il se reporte sur la dernière syllabe du mot précédent. Exemple : |tà ézèm|
"avec le bélier" se réalise tá zèm.

Par contre, lorsque le mot commence par une voyelle à ton bas, celui-ci ne peut
modifier le ton de la dernière syllabe précédente : |mèy ngá àrác| "la bouche du

scorpion" se réalise **mèy ngá rác.**

En conclusion sur ce point, malgré une structure et un fonctionnement particu-
liers de ces nominaux, nous ne pouvons qu'attribuer une valeur résiduelle à ce préfixe vocalique[13].

2.3. Ton haut flottant antéposé

Certains nominaux sont caractérisés par un ton haut flottant antéposé. Bien que
celui-ci ne se manifeste nullement d'un point de vue phonétique lorsque le mot est
cité en isolation, il se reporte systématiquement sur la dernière syllabe du
mot précédent, à condition qu'il n'y ait pas de pause, dans un énoncé : |ándà ´vlèy|
"comme la calebasse" se réalise **ándá vlèy** ; |tà ´bànáy| "avec souffrance" se réalise
tá bànáy.

Ce phénomène concerne principalement les nominaux commençant par une consonne
"sonore"[14] et toujours avec une première syllabe à ton bas comme par exemple :
´bèbèɗès "cendre", ´bèzèy "enfant, fils", ´dèy "oeil, figure", ´dàdàwà "coeur",
´dràm "corne", ´gèdèm "crocodile", ´jàjèwày "mouche", ´mèséy "allié, belle-famille",
´màmáng "mère", ´ndàw "homme", ´vègèɗ "trou", ´wèdèɗ "grenier", ´zèzékw "serpent
(nom gén.)".

Cependant, ce ton haut flottant devra être mentionné dans un lexique mofu-gudur
car les conditions d'apparition de ce ton souffrent de nombreuses exceptions. Ainsi
certains mots commençant par une consonne sonore et un ton bas n'ont pas de ton haut
flottant antéposé comme, par exemple, **dàm** "fille", **làláng** "arc", **màmbáz** "sang",
zèl "mari".

Inversement, quelques noms commençant par des consonnes sourdes, mais toujours
avec une première syllabe à ton bas, ont des tons hauts flottants antéposés, ainsi :
´cèmcèmè "hérisson à ventre blanc", ´kàlàng "saison sèche", ´pàpáng "père", etc.

Il est à remarquer que même des emprunts provenant du fulfulde peuvent avoir
des tons hauts flottants antéposés : ´dàbáràty "moyen", ´dàlà "cinq francs, argent",
´dùnyà "monde", ´gùdáakwòw "patate douce", ´sèténé "esprit du mal".

De même que pour les voyelles initiales de nominaux, il est bien difficile d'ac-
corder une quelconque valeur à ce ton flottant , ou de tenter d'en expliquer l'origine
par une simple analyse du mofu-gudur malgré la règle quasi générale exposée ci-dessus selon laquelle ce ton apparaît lorsque la première syllabe d'un nom commence
par un ton bas et une consonne sonore. Rappelons ici que les lexèmes verbaux comportent des tons flottants antéposés et postposés, mais ceci ne semble pas avoir de
rapport avec le ton haut flottant antéposé des nominaux.

2.4. Préfixe ma-

Environ un tiers des nominaux (300 noms sur un total de 959) commence par ma, avec une possibilité de variante libre en me lorsque les voyelles des syllabes suivantes sont antérieures.

Cette disproportion dans le lexique, ajoutée au fait que ces nominaux ont généralement un nombre plus élevé de syllabes et que très peu d'entre eux ont un ton haut flottant antéposé, fait immédiatement penser à la possibilité d'un préfixe. Et de fait, il ressort que la grande majorité de ces noms peut s'analyser en terme de dérivation : ce serait pour la plupart des dérivés nominaux à partir de bases idéophoniques, verbales ou même nominales[15]. Exemples :

	bases		dérivés	
ma + idéophone	ɬə́lɓàw	"gluant"	máɬə́lɓàw	"zézaiement"
	pàV̂áy	"plat"	mápàV̂áy	"nénuphar"
ma + verbe	`və́rgwá⅃`	"ressortir"	mávə̀rgwá⅃	"cheville"
	`záwál`	"castrer"	mázáwàl	"bouc castré"
	´cə̀ɗ`	"pincer"	mə̀cáɗ	"pince"
ma + nom	wày	"case, famille"	máwày	"clan"
	kwàlày	"arc-en-ciel"	mákwálày	"rat (rayé) sp."
	sféɗ	"année prochaine"	másféɗ	"moment d'abondance"

Au simple procédé de préfixation en ma- peuvent s'ajouter d'autres procédés de dérivation ou de composition tels que :

a) redoublement partiel ou total de la base

La base servant à la dérivation peut être partiellement ou entièrement redoublée, et dans ce cas, le redoublement est très souvent remplacé par une forme "courte" qui consiste tout simplement en un allongement du préfixe qui adopte le ton de la première syllabe de la base. Exemples :

màtàtàm ~ màatàm "pilon (de potière)"   < tàm.tàm "bruit du pilon"
màkwèɗèkwèɗè ~ màakwèɗè "grelot"   < kwèɗè.kwèɗè "bruit du grelot"
màtèték ~ màaték "auriculaire"   < ték "un"[16]
màjèjéng ~ màajéng "petite marmite"   < ´jèng` "soulever qqch. léger"
màɗéɗə̀bàn ~ máaɗə̀bàn "apprenti"   < `ɗéɗə́bə́n` "apprendre"

b) suffixation vocalique

Certains dérivés en ma- présentent un suffixe vocalique après la base :

màmèlèmèlè "scolopendre"   < mèl.mèl "démarche du scolopendre"
mángə́rʒà "impuissant"   < `ngə̀rʒ` "coincer, serrer"
mábàrá "blanc, propre"   < `pə̀r` "laver"

mázɔ́lè "masculin"   <   zèl   "mari"
mángwɛ́sà "féminin"   <   ´ngwàs "femme"

c) composition de type :
- ma- + base verbale + idéophone
   màɫ̥ɔ́r.pàpá "araignée sp."   <   ´ɫ̥ɔr` "tisser une toile"
                                       pàpá "qui a de longs membres"
- ma- + base verbale + nominal
   mákwèl.ɗáf "reste de la boule de mil" <   `kwál` "sécher"
                                         ɗáf "boule de mil"
   máfɛ́cá.gàjakàɗ "herbe sp."   <   ´fɛc` "enfumer"
                                         ´gàjakàɗ "souris sp."
   màcáká.ɗèyàr "sauce avec des haricots" <   ´càk` "ajouter"
                                         áɗèyàr "haricot"

Parmi toutes ces formes de dérivés en ma-, on peut distinguer plusieurs classes sémantiques de noms :

a) des noms d'agent :
   mácékwèr "berger"   <   `càkèr` "garder un troupeau"
   máɗewéc "suivante de la fiancée" <   ?
   mákétèng "fiancée"   <   téng.téng "être courbé" (?)
   má+ɬàng "messager"   <   `+ɬèr` "envoyer" (?)

b) des noms d'instrument :
   màjèjéng "petite marmite"   <   ´jèng` "soulever qqch. léger"
   mápècél "cache-sexe"   <   `pɛ́cál` "se balancer"
   màtèndèlèng "clochette"   <   tèndèlèng "bruit de la clochette"
   màgác "pince (de forgeron)"   <   `ngàc` "serrer"

c) des noms de lieu :
   màdàdàkw "extrémité"   <   ´dèkw` "rester après les autres"
   mápèléw "mur d'entrée"   <   ?
   màgwàgwàs "hutte de chasseur"   <   gwàs.gwàs.gwàsàs "mal arrangé"
   mángàláw "linteau"   <   `ngélw` "mettre la boue sur le bois"

Cette série n'est pas très bien établie mais il faudrait peut-être y ajouter de nombreux toponymes correspondant aux noms administratifs de Mokong, Minglia, Mofou, Mosso, etc., et qui commencent par mV-.

d) des noms de plantes :
   mápàV̂ay "nénuphar"   <   pàV̂áy "plat"
   màmbàr *"Tamarindus indica* CESALPINIACEES" < `mbàr` "être droit, raide"
   màwèɗ *"Ficus abutifolia* MORACEES" < `wàɗ` "briller, être blanc"
   mázèrèm *"Hyparrhenia rufa* GRAMINEES" < zèrèm.zèrèm "qui penche la tête"
   mánjáràf *"Acacia albida* MIMOSACEES" < ?

e) *des noms d'animaux :*

    màbár "lion"   <   `bὲbὲr´ "rugir"

    mácàɗ "rat de Gambie"   <   ?

    mágámàk "chat"   <   ?

    màmbrèɗ "serpent sp."   <   mbὲrɗèɗè "multicolore"

    mávrèng "guêpe maçonne"   <   vrèng.vrèng "bruit de la guêpe maçonne"

    màtàkwàyà "hyène"   <   ?

f) *des noms de parties du corps et de maladies :*

    màdàdà "bègue"   <   dà.dà.dà "qui parle en bégayant"

    mádégwὲʔ "maladie de pied"   <   ɗágwàʔ.ɗágwàʔ "qui ne peut pas marcher"

    màhwὲmày "nombril"   <   ?

    mákὲrɉékὲrɉé "loupe"   <   kérɉè.kérɉè "qui glisse sous le doigt"

    mákwὲɓákwὲɓá "dessous du menton" <   `kwákwáɓ´ "remuer la joue"

    máɉàmày "barbe"   <   ?

    màmbáz "sang"   <   ?

    màrèngwèz "genou"   <   ?

    mávὲrgwá⁺ "cheville"   <   `vérgwá⁺´ "ressortir, être saillant"

    mávèl "foie"   <   ?

    máa⁺èɓ [17] "salive"   <   `⁺ὲɓ´ "lapper"

A cette liste de noms dérivés en **ma-** on peut également ajouter la formation

g) *de certains "noms adjectivaux" et notamment des noms de couleur :*

    mábàrá "blanc"   <   `pὲr´ "laver"

    mágàzá "rouge"   <   ?

    mátàrá "noir, brun"   <   (voir mátὲrèy "mil brun sp.")

    mángwésà "féminin"   <   ´ngwàs "femme"

    mázélè "masculin"   <   zèl "mari"

    màháyà "bon, bien"   <   ´héy´ "aimer (une femme)"

    máwéyà "nouveau"   <   ?

    màhwὲrá "grand, gros"   <   ?

    mὲché "petit"   <   ?

    mágwὲrmá "vieux, usé"   <   `ngwὲrm´ "vieillir"

    màráw "vieux, âgé, vieil homme" <   ?

    màyáɗ "paresse, paresseux"   <   ?

    máyàl "voleur"   <   `lál´ "voler, dérober"

h) *des numéraux ordinaux :*

    màcèw "deuxième"   <   cèw "deux"

    màmáhkàr "troisième"   <   máhkàr "trois"

    máfàɗ "quatrième"   <   ´m̀fàɗ "quatre"

    máɉàm "cinquième"   <   ´ɉàm "cinq"

mámàakwáw "sixième"	<	màakwáw "six"
mámàasálà[18] "septième"	<	màasálà "sept"
mádàngàfàɗ "huitième"	<	´dàngàfàɗ "huit"
máᵶèmlèték "neuvième"	<	´ᵶèmlèték "neuf"
mákráw "dixième"	<	kráw "dix"

i) des noms verbaux.

On peut penser qu'il s'agit du même morphème employé, avec un suffixe verbal "neutre" -ey[19], pour former les "noms verbaux" ou "forme infinitive des verbes". Le préfixe ma- et le suffixe -ey adoptent les tons flottants antéposés et postposés propres à chaque lexème verbal tandis que les voyelles internes non-relâchées deviennent antérieures par attraction de la voyelle du suffixe :

màᵶèpéy "vantardise, se vanter" < `ᵶàp´ "se vanter"
máwèrèy "(action de) brûler" < ´wèr` "brûler"
màcènèy "(action d') écouter" < `càn` "écouter"

Notons ici que certains verbes à la forme infinitive sont très souvent employés avec un sens second à valeur proprement nominale :

màfèfèkwéy "fleurir, fleur"
mázèvèy "joindre, articulation (des membres)"
màlèmèy "construire, bâtir, poterie, pot"
mázèlèy "appeler, nommer, nom"
màvéy "vivre, année, âge"
màtárkéɗèy "mâcher, tempe"
máᵶèbèy "boire joue contre joue en signe d'amitié, clôture"

j) des participes (passé) passifs.

Cette forme se construit avec le préfixe ma-, une base verbale avec vocalisation en a et un suffixe -káyà[20]. Entre la base verbale et le suffixe peut s'intercaler une marque de pluriel tá. Exemple :

màpèrtákáyà "celui qui) est tombé" < `pèrt´ "tomber"
mápèwkáyà "(celui qui) a été dépecé" < ´pèw "dépecer"
màdèykáyà "(celui qui) a été réparé" < `dèy` "réparer"
màdèytákáyà "(ceux qui) ont été réparés" < `dèy` "réparer"
màzàkáyà "(celui qui) est pourri" < `z` "pourrir, sentir"

Les participes passifs ont généralement un rôle prédicatif mais ils peuvent occuper la fonction de sujet dans un énoncé avec le sens "celui/ceux qui a/ont été...". Exemples :
- fonction prédicative
   bábèzà màpèrtákáyà "le fruit est tombé"
- fonction sujet
   màpèrtákáyà àdàzèy "celui qui est tombé va pourrir".

k) des injures.

Parmi celles que nous avons relevées dans des textes de tradition orale, la grande majorité vise à discréditer un individu en accentuant un défaux physique. Le procédé consiste en la formation d'un syntagme nominal avec un ordre inverse de celui qui est habituellement adopté : le premier élément est un participe passif ou une forme **ma–** + idéophone/base verbale/nom[21] tandis que le second est un nom de partie du corps. L'ordre est donc déterminant-déterminé. Le préfixe **ma–** pourrait se traduire ici par "espèce de..." :

   màʒə̀hàɗàkayà méy "grande gueule !"   < `ʒə̀hàɗ` "élargie"

                                     méy "bouche, gueule, parole"

   màmbàɗákáyà sálày "pied tordu !"   < `mbàɗ` "tourner, changer"

                                     sálày "pied, jambe"

   màɓə̀rʒèʒém dèy "gros yeux !"   < ɓə̀rʒèʒèm "globuleux"

                                   ´**dèy** "oeil, figure"

   màcàkàràk ɬə̀mày "grandes oreilles !"< **càkàràk** "grand panier"

                                     ɬə̀mày "oreille"

Enfin signalons que l'on pourrait assez facilement rapprocher, à l'intérieur du mofu-gudur, ce préfixe nominalisateur **ma–** du relatif **mà**[22], et lui attribuer en général la valeur de "celui qui / ce qui (fait telle ou telle chose / est de telle ou telle manière)".

Ce procédé de dérivation avec préfixe **ma–** semble encore productif bien que nous ne puissions donner actuellement d'exemples convaincants de créations lexicales récentes.

Il est évident qu'il correspond à un élargissement de la fonction du préfixe m*V*– commun à l'ensemble chamito-sémitique et qui semble utilisé principalement, dans ce domaine pour former des noms d'agents, noms de lieux et noms d'instruments.

2.5. Redoublement partiel ou total d'un radical

Nous avons déjà noté que dans les dérivés en **ma–** l'on pouvait rencontrer des bases (idéophoniques, verbales ou nominales) partiellement ou entièrement redoublées, ce redoublement pouvant être remplacé, dans ce contexte, par un allongement de la voyelle du préfixe :

- redoublement partiel

   mákwákwàl ~ máakwàl "foin"   < ´**kwál**` "sécher"

   màtàtàm ~ màatàm "pilon"   < tàm.tàm "bruit du pilon"

- redoublement total

   màkwèɗèkwèɗè ~ màakwèɗè "grelot"   < kwèɗè.kwèɗè "bruit du grelot"

   mákèɗékkèɗék ~ máakèɗék "chatouillement" < kéɗék.kéɗék "éclat de rire"

La répétition d'une première syllabe ou le redoublement total d'un radical est largement attesté dans les autres nominaux, c'est-à-dire ceux qui ne commencent pas par le préfixe **ma-**, puisque nous avons relevé, au total, 194 nominaux de ce type, soit 20,2% du corpus, dont 83 avec le préfixe **ma-** et 111 sans ce préfixe.

Considérant l'absence quasi générale de répétition d'une même syllabe ailleurs qu'en position initiale (ou après le préfixe **ma-**), à titre d'hypothèse, nous supposerons que ces nominaux avec répétition de syllabe(s) à l'initiale, sont constitués de radicaux partiellement ou entièrement redoublés. Ainsi, selon cette hypothèse, nous considérons que des mots comme ɬèɬèɗ "oeuf" ou tétèɬ "os" sont constitués des radicaux ˣɬeɗ et̥ ˣteɬ avec élargissement par redoublement, d'où la coupe morphologique : ɬè-ɬéɗ et té-tèɬ[23].

Les différentes possibilités de redoublement sont les suivantes :

a) redoublement partiel du radical
- type C_1V-C_1V...
  'bèbèɗès "cendre"
  ɬáɬápày "écorce"
  làláng "arc"
  gwágwàr "poulet, poule"
  ɬèɬéɗ "oeuf"
  'jàjəwày
- type C_1VC_2-C_1VC_2...
  mbétmbátày "feuille de baobab"
  zəmzèmè "bélier" (variante dialectale de Gudal)
  'cəmcèmè "hérisson à ventre blanc"

b) redoublement total du radical[24]
- type C_1VC_2-C_1VC_2
  'ngàmngàm "piège en fer"
  'gànggàng "tambour"
- type C_1VC_2V-C_1VC_2V
  kwèsèkwésé "varicelle"
  'kècèkècè "vêtement en loques"

Parmi ces mots à redoublement, et loin de vouloir généraliser le procédé, nous serions parfois tenté d'en considérer certains comme des dérivés à partir de bases idéophoniques, verbales ou même nominales. Exemples :

dérivés nominaux avec redoublement		- bases idéophoniques
'zèzèlèm "kalao"	<	zèlèm.zèlèm "avec un long bec"
kwàkwéɗà "miette de boule de mil"	<	kwàɗ.kwàɗ "fin, petit"
kwèsèkwésé "varicelle"	<	kwès.kwès "couvert de boutons"
		- bases verbales
tétèwèɗ "ceinture du toit (en paille)"	<	'tèwɗ' "lier (la paille)"
sásàk "tamis"	<	'sásàk' "tamiser"

ˊngàmngàm "piège en fer"   <   ˊngᵉm` "couper en deux"

- bases nominales

pàpás "jour, clarté"   <   pás "soleil, journée"

sàsàláy "tibia"   <   sálày "jambe"

La valeur de cette dérivation par redoublement pourrait être identique à celle qui est attestée dans les verbes (sous une forme identique) et les idéophones (avec très souvent des redoublements complets) à savoir une valeur d'intensif-fréquenta-tíf-duratif par rapport à la base [25].

2.6. Suffixe nasal et/ou vélaire dans certains noms d'animaux

Parmi les 190 noms d'espèces animales que nous avons relevés [26], 66 — soit 34,7% du total — présentent en finale une consonne nasale et/ou vélaire : 29 se terminent par -k ou -kw, 21 par -ng ou -ngw, 16 par -m. Voici quelques exemples :

- consonne finale -k
  mágámàk "chat"
  mángàhák "corbeau"
  wágàlák "chacal commun"
  dᵉwàk "singe (nom gén.)"
  cáƫàk "chacal à flancs rayés"
  kákázàk "chauve-souris sp."
  gwágwàlák "coq"
  ˊngᵉlàk "grue couronnée"
  ˊngᵉrkàkàk "héron cendré"
  màƫᵉmcèrék "sauterelle sp."

- consonne finale -kw
  ɗákw "chèvre"
  ɗrákw "canard"
  ˊzèzékw "serpent (nom gén.)"
  ˊkwᵉrgwádàkw "tourterelle"
  ˊgwàbákw "chapon"
  áyàkw "criquet, insecte (nom gén.)"

- consonne finale -ng
  mávrèng "guêpe maçonne"
  ɗᵉyáng "oiseau (nom gén.)"
  ˊgwᵉsàng "taureau"
  ˊkàkràng "grenouille sp."
  ˊfᵉyàng "charançon du mil"
  áyàng "écureuil terrestre"

- consonne finale -ngw
  gwávàngw "naja"
  ɗᵉlàngw "civette" (?)

- consonne finale -m
  áƫàm "épervier"
  áhwàm "souris (nom générique)"
  fédèm "porc"
  ézèm "bélier"
  kwᵉcàm "daman des rochers"
  ˊgᵉdèm "crocodile"

Il se peut que ces consonnes finales[27] soient des restes d'un suffixe archaï-
que classificatoire des noms d'espèces animales commun à l'ensemble chamito-sémitique comme l'ont mentionné de nombreux auteurs parmi lesquels I.M. DIAKONOFF (1955),
H. JUNGRAITHMAYR (1971), N. SKINNER (1977).

Un seul exemple en mofu-gudur semblerait indiquer une valeur masculine à ce
suffixe : gwágwàr "poule, poulet (nom générique)" vs gwágwàlák "coq".

2.7. Suffixes possessifs dans certains termes de parenté

Certains termes de parenté ne peuvent s'employer sans l'adjonction d'un suffixe
possessif avec une forme particulière. Ces mots sont les suivants, aux trois personnes du singulier[28].

1ère personne	2ème personne	3ème personne
´pàpáy "mon père"	´pàpák [pɔ̀pɔ́k] "ton..."	pàpáng "son..."
´màmáy "ma mère"	´màmák [mɔ̀mɔ́k] "ta..."	màmáng "sa..."
(mɜ̀lmá ɗàw)[28] "mon frère"	mɜ̀lmák [mɜ̀lmɔ́k] "ton..."	mɜ̀lmáng "son..."
(jɜ̀mpàpá ɗàw) "mon oncle pat."	jɜ̀mpàpák [jùmpɔ̀pɔ́k] "ton "	jɜ̀mpàpáng "son..."
(mádɜ̀ymá ɗàw) "ma tante"	mádɜ̀ymák [mádɪ̀mɔ́k] "ta.."	mádɜ̀ymáng "sa..."
(gɜ̀msá ɗàw) "mon oncle mat."	(gɜ̀msá kà) "ton..."	gɜ̀msáng "son..."

Dans ces mots, le radical simple n'est jamais attesté. Ainsi, "le père de untel" se
dit pàpáng ngá mànàng et non ¨papa nga manang.

Rappelons que les formes habituelles des pronoms possessifs aux personnes du
singulier sont :

    1ère personne   áɗàw "à moi"
    2ème personne   ákà "à toi"
    3ème personne   ángá "à lui, à elle"

La voyelle initiale s'élide généralement en contexte mais non le ton haut qui se
reporte sur la dernière syllabe du mot précédent :

    tétèɬ "os"   tétéɬ ɗàw "mon os"
                          tétéɬ kà "ton os"
                          tétéɬ ngá "son os".

Dans les termes de parenté ci-dessus, on constate que le suffixe possessif se
réduit à un ton haut et à la consonne :

    1ère personne   ´y "à moi"
    2ème personne   ´k "à toi"
    3ème personne   ´ng "à lui, à elle".

Le suffixe de la 1ère personne est particulièrement intéressant puisque l'on retrouve la forme commune aux autres paradigmes de pronoms personnels yà[29]. La forme
´y n'est d'ailleurs attestée que dans "mon père" ´pàpáy et "ma mère" ´màmáy, alors
que les autres termes utilisent la forme habituelle áɗàw.

A la 2ème personne, il semble que ce soient seulement des composés qui prennent le suffixe particulier aux termes de parenté. Ainsi màlmák "ton frère" et mádəymák "ta tante" pourraient être des composés avec, comme deuxième terme, ('mà)mák "ta mère", tandis que jòmpàpák "ton oncle paternel" serait un composé avec (')pàpák. Par contre, la forme pour "ton oncle maternel" utilise le pronom possessif régulier : gèmsá kà.

A la troisième personne, tous les termes cités utilisent la forme contractée du pronom : 'ng. Signalons de plus que pour ces termes, on peut employer aussi le défini (h)V̆ dans certains cas. Exemple : pàpá hà "son père (à celui dont on vient de parler)".

Pour tous ces termes de parenté, il n'est pas possible de déterminer le ton propre de leur dernière syllabe puisqu'il semble qu'il y ait systématiquement application du ton haut flottant du suffixe si bien que nous ne pourrions qu'isoler des radicaux de la forme : 'pàpa, 'màma, mais il est fort probable que leur dernière syllabe est à ton bas et qu'elle est dominée par le ton haut du suffixe.

Par opposition, signalons enfin des termes de parenté qui ne s'emploient qu'avec le paradigme régulier des pronoms possessifs :

    'bèzèy "fils, enfant"
    dàm "fille"
    zèl "mari"
    'ngwàs "femme, épouse"
    'mèséy "belle-famille, allié"
    'dèdè "grand-parent".

2.8. Suffixe vocalique

Quelques mots semblent indiquer la présence d'un suffixe vocalique avec un ton inverse par rapport à la syllabe précédente :

mábàrá "blanc, propre"	< `pèr` "laver"
mátàrá "noir"	< 'tèr` "noircir"? (voir matèrèy "mil brun")
mázélè "masculin"	< zèl "mari"
mángwésà "féminin"	< 'ngwàs "femme"
màháyà "bon, bien"	< 'héy` "aimer (une femme)"
mádéyà "femelle"	(voir mádèy.pèlès "jument", etc.)
séyà "reste"	< sí "sous" (?)
pèyá "saison des pluies"	< `p` "poser, placer, tomber (pluie)" (?)

Bien que cet élément soit très difficile à dégager et que nous n'en connaissions pas la valeur, qu'il nous soit permis de rapprocher ici une forme du "défini" que nous reconstruisons pour le mofu-gudur (h)V̆ et qui se réalise sans h- initial lorsque le mot précédent (déterminé) se termine par une consonne, avec un ton contrastif par rapport à la dernière syllabe de mot, et avec le même timbre que celle-ci[29].

NOTES

[1] Nous remercions particulièrement pour ses précieux commentaires et suggestions, le Professeur C. GOUFFÉ qui a bien voulu relire ce manuscrit.

Le mofu-gudur est classé par P. NEWMAN (1977) dans le groupe mafa, grand groupe 4/5/6 wandala/mafa/sukur, sous-branche A de la branche Biu-Mandara des langues tchadiques. On retrouvera évidemment de grandes ressemblances avec la structure du nominal en giziga telle qu'elle a été analysée par J. LUKAS (1970), pp.17-29, le giziga appartenant au même groupe que le mafa et le mofu.

[2] Les phonèmes V̌ (vibrante labio-dentale) et ʔ (occlusive glottale) ne sont attestés chacun que dans un seul exemple : mápàV̌ay "nénuphar" < pàV̌ay "plat", máʔəsàl "bébé qui naît les pieds en avant" < sálày "pied, jambe".

[3] Pour les différentes réalisations phonétiques, voir D. BARRETEAU (1978a).

[4] Dans notre transcription, le seul fait d'indiquer un ton sur une consonne signifie que nous la considérons comme syllabique.

[5] L'identification des plantes a été faite par R. LETOUZEY par examen d'échantillons.

[6] Dans les verbes, le timbre de la voyelle radicale est entièrement déterminé par celui de la voyelle suffixée.

[7] Comme nous le verrons plus loin, les seules exceptions à ce principe proviennent de mots commençant par une voyelle ou par le préfixe ma-.

[8] Ce sont des paires semi-minimales car à la fois les tons et les voyelles sont différentes. Nous n'avons encore relevé aucune paire minimale parfaite permettant d'illustrer l'opposition e/a.

[9] Le rôle distinctif des tons est nettement plus important dans les lexèmes verbaux.

[10] Si les syllabes de type CV sont importantes numériquement dans les nominaux polysyllabiques, par contre dans les monosyllabiques ɬá "vache, bovin" est le seul exemple de structure CV. De plus, la majorité des noms se terminent par des syllabes fermées.

[11] Nous appelons "voyelles relâchées" en mofu-gudur des voyelles très brèves, évanescentes, et dont le timbre se détermine souvent en fonction des consonnes environnantes (voir D. BARRETEAU 1978a).

[12] Par extension du sens de "femelle", on aboutit à des composés signifiant "femelle féconde, chose fertile, grande chose". Exemples : ʼngwàs "femme, épouse" > mádéy.ngwàs "première femme", ɬəlàm "flûte traversière (nom gén.)" > mádéy.ɬəlàm "grande flûte", vár "pluie" > mádéy.vár "pluie abondante".

[13] Bien que l'on retrouve dans la liste mofu-gudur une partie des mots à initiale vocalique du mulwi, cités par H. TOURNEUX, comme par exemple : àfú (mulwi) : áwàw (mofu-gudur) "feu", áhíny : áyàng "écureuil terrestre", àmìr : ámbàl "peau humaine", àŋvèŋ/àvèŋ : ávàngw "charbon de bois", àyùwî: : áyàkw "criquet", à:mî: : ámàm "miel, abeille", il nous semble difficile de dégager dans notre liste une quelconque "structuration du champ sémantique" et d'attribuer à cette voyelle initiale une valeur classificatoire ou dérivationnelle.

Si l'on veut poursuivre la comparaison entre la liste mulwi et les équivalents en mofu-gudur, on s'aperçoit que pour certains mots à initiale vocalique du mulwi correspondent des mots sans voyelle initiale en mofu-gudur : àmêl (mulwi) : mál (mofu-gudur) "huile", ánày : ndér "arachide", àpìyà : pəyá "saison des pluies", àráy : ʼdèy "yeux, visage".

D'autres mots trouvent des équivalents en mofu-gudur avec un préfixe ma- : àràpàf (mulwi) : mánjáràf (mofu-gudur) "*Acacia albida* MIMOSACEES", àvèŋvèn : mávrèng "guêpe maçonne".

D'autres mots encore ont un redoublement de la première syllabe en mofu-gudur : àdùwáy (mulwi) : ʼjàjəwày (mofu-gudur) "mouche".

[14] Dans ce cadre, les consonnes "sonores" englobent les occlusives glottalisées, sonores, nasales, mi-nasales ainsi que les fricatives sonores. Les mots commençant par des sonantes (l, r, y, w) sont assez partagés quant à ce ton haut antéposé.

Si la majeure partie des mots commençant par ma- n'a pas de ton haut flottant antéposé, c'est que cette forme est un préfixe ; par contre, les nasales syllabiques sont souvent précédées par des tons hauts flottants antéposés.

[15] Il n'est pas toujours possible d'indiquer des bases sûres pour des mots qui semblent pourtant bien être des dérivés, soit que les étymologies proposées par nos informateurs nous ont paru trop éloignées formellement ou sémantiquement des dérivés, soit qu'aucune étymologie n'est possible actuellement. Ainsi relevons-nous des noms appartenant même au vocabulaire de base tels que máɬàmày "barbe", mágámàk "chat", pour lesquels on serait tenter de dégager un préfixe ma- mais sans trouver dans le lexique des bases correspondantes.

Comme explication, on pourrait supposer que le mofu-gudur a généralisé le procédé de dérivation en ma- l'appliquant parfois même à des nominaux déjà constitué.

[16] Les Mofu commencent à compter en pointant l'auriculaire. Pour compter "un", on peut dire également téɗ.

[17] Il est vraisemblable que l'on peut dire également, mais nous ne l'avons pas relevé dans notre corpus, màɬéɬèɓ.

[18] Nous ne pouvons expliquer l'origine des voyelles longues dans màakwáw "six", mámàakwáw "sixième", màasálà "sept" et mámàasálà "septième".

Par ailleurs, "premier" se dit ngámémé ou ngáamé alors que "un" se dit téɗ lorsque l'on compte sur ses doigts et pál dans le cours d'un énoncé.

[19] Voir D. BARRETEAU (1978a). Nous n'avons relevé que quatre verbes "irréguliers" dans la forme du suffixe : màdàw "aller, partir", màgwáw "pouvoir", màsàwà "venir", qui ne peut s'employer sans le "directionnel centripète" (a)wà, màtèwày "pleurer, pleur", avec un suffixe -ay et non pas -ey.

[20] Selon la structure consonantique du lexème verbal, une voyelle de liaison, a, peut précéder le suffixe -káyà. La voyelle radicale est -ə- ou -a- selon que la voyelle lexicale est relâchée ou non.

[21] Les idéophones et les bases verbales utilisés dans ces injures n'ont pas par eux-mêmes un sens péjoratif. C'est la construction du syntagme à l'inverse de ce que l'on attend habituellement, et la préfixation en ma-, qui constituent les principes de l'injure.

[22] Ce rapprochement nous semble très plausible en mofu-gudur si l'on considère des syntagmes du genre : ndàw màwénkà hár "devin par les cailloux (litt. homme-qui divise-la main)", ndàw màcéy cáká "tisserand (litt. homme-qui tisse-tissage)", márékà dáf "étoile du bouclier d'Orion (litt. celle qui demande-la boule de mil)".

[23] Cette hypothèse demanderait confirmation ou infirmation par des recherches plus poussées sur le mofu-gudur (recherche de dérivés faisant apparaître des radicaux non redoublés) et aussi par des études comparatives.

Signalons ici une variante dialectale qui tend à montrer à la fois la valeur affixale de la voyelle initiale , du redoublement et de la voyelle finale. Le mot pour "bélier" se dit ézèm < é-zèm à Mokong-Mosso et zémzèmè < zém-zèm-è à Gudal, soit un radical *zem avec une voyelle initiale dans le premier cas, un redoublement total du radical et une voyelle suffixée dans le second.

[24] Le type $C_1V-C_1V(C)$ n'est représenté que par quatre noms ayant tous trait à la parenté : ꞌpàpáng "père", ꞌmàmáng "mère", ꞌdèdé "grand-parent", ꞌkwàkwá "fiancée".

[25] Nous ne considérons pas ici comme dérivés des mots tels que ꞌbèbèdès, ɬáɬápày, gwágwàr, etc., pour lesquels nous n'avons pas relevé jusqu'à présent de bases simples dont ils pourraient être issus ou d'autres dérivés à partir de ces bases simples. Nous les considérons, encore une fois seulement à titre d'hypothèse, comme des radicaux ayant subi un élargissement par redoublement mais non comme de véritables dérivés pour lesquels nous devrions être en mesure de proposer des étymologies.

[26] Nous avons identifié les mammifères à partir de l'ouvrage de J. DORST et P. DANDELOT, *Guide des grands mammifères d'Afrique*, Neuchatel, Delachaux-Niestlé.

[27] Il conviendrait peut-être d'ajouter à cette liste des noms d'animaux se terminant par la consonne -r, constatant une correspondance assez fréquente entre le proto-tchadique ʼn et le mofu-gudur r (voir D. BARRETEAU 1977). Se terminent par cette consonne les mots suivants : càvár ~ njàvár "pintade", gwágwàr "poulet, poule", gèvàr "rhinocéros noir".

Signalons également une opposition unique dans la langue entre une espèce animale mâle et femelle qui, il est vrai, sont nettement différenciées morphologiquement ; il s'agit probablement de l'agame (*Agama agama*, AGAMIDÉS) où le mâle se dit mámblázàràw et la femelle mámblákàtày.

[28] Aux personnes du pluriel, on utilise le paradigme régulier des pronoms possessifs. Les parenthèses dans le tableau soulignent l'utilisation de ce paradigme.

[29] Voir D. BARRETEAU 1978a.

REFERENCES BIBLIOGRAPHIQUES

BARRETEAU D. -1977- Le mofu-gudur, langue tchadique du Nord-Cameroun, *Africana Marburgensia* 10 (1), pp.3-33.

———— -1978a- La transcription d'un texte mofu-gudur : problèmes linguistiques, *Cinq textes tchadiques* (H. Jungraithmayr et J.P. Caprile éd.), Marburger Studien zur Afrika- und Asiekunde, Berlin-Marburg, 49p. dactyl.

———— -1978b- Essai de transcription phonologique d'un texte mofu-gudur, *Cinq textes tchadiques* (H. Jungraithmayr et J.P. Caprile éd.), Marburger Studien zur Afrika- und Asiekunde, Berlin-Marburg, 17p. dactyl.

DIAKONOFF I.M. -1955- *Semito-Hamitic languages*, Moscou.

JUNGRAITHMAYR H. -1971- Reflections on the root structure in Chadohamitic (Chadic), *Annales de l'Université d'Abidjan*, sér. H (Linguistique), fasc. hors série, vol.1, pp.285-292.

LUKAS J. -1970- *Studien zur Sprache der Gisiga (Nordkamerun)*, Hamburg, Verlag J.J. Augustin.

NEWMAN P. -1977- Chadic classification and reconstructions, *AAL* 5 (1), pp.1-42.

NEWMAN P., MA R. -1966- Comparative Chadic : Phonology and Lexicon, *JAL* 5, pp.218-251.

SKINNER N. -1977- Domestic animals in Chadic, *Papers in Chadic Linguistics*, Leiden, Afrika-Studiecentrum, pp.175-198.

Daniel BARRETEAU

Allocataire de recherche à l'O.R.S.T.O.M.

Daniel Barreteau

STRUCTURE DU LEXÈME VERBAL EN MOFU-GUDUR

1. INTRODUCTION

Notre description de la structure du lexème verbal en mofu-gudur repose sur un
corpus de 810 verbes relevés en partie en 1975, lors d'une enquête comparative avec
les verbes giziga, en collaboration avec René JAOUEN, où nous avions trouvé environ
600 verbes tout à fait comparables en giziga et en mofu-gudur[1]. C'est dire que notre
analyse du lexème verbal mofu-gudur semble devoir s'appliquer, avec quelques ajus-
tements, au giziga et peut-être à l'ensemble du groupe mafa.

La forme lexicale d'un verbe mofu-gudur est une forme quelque peu abstraite mais
dont il est très facile d'obtenir des formes verbales finies à partir des deux principes suivants :

- les tons flottants s'appliquent sur ce qui précède et ce qui suit immédiatement le radical dans le syntagme verbal ;

- les voyelles internes tendues, que nous transcrivons par **a** dans les formes lexicales, s'assimilent au timbre de la voyelle immédiatement suffixée dans le syntagme verbal.

Comme nous l'avons développé dans un précédent article[2], les éléments préfixés peuvent être des indices de personnes, des morphèmes d'inaccompli ou le préfixe nominalisateur **ma-**. Les éléments suffixés peuvent être le suffixe verbal neutre **-ey**,
la marque de pluriel **-(a)m**, des pronoms compléments, des extensions verbales ou encore le suffixe du participe passé passif **-(a)káyà**.

Ainsi, pour rendre les formes lexicales "lisibles", il suffit d'appliquer les
deux principes énoncés ci-dessus avec, par exemple, le préfixe **ma-** et le suffixe
-ey pour former des noms verbaux. Exemple :

formes lexicales	noms verbaux	sens
`z`	màzèy	"pourrir, sentir"
´z`	mázèy	"mordre"
`f´	màféy	"souffler, siffler"

formes lexicales	noms verbaux	sens
\`lə̀m\`	màlə̀mèy	"façonner, bâtir, construire"
\`cáɬ\`	màcéɬèy	"verser à terre"
´mə̀c\`	mámə̀cèy	"mourir"
\`pə́rc\`	màpə́rcèy	"creuser (bois)"
\`sə́sángr\`	màsə́séngrèy	"rire, se moquer".

Notre analyse portera tout d'abord sur la structure phonologique des lexèmes verbaux où nous examinerons dans le détail les consonnes, les structures syllabiques, les tons et les voyelles et établirons les fréquences relatives de chaque élément afin de cerner les distributions complémentaires ou préférentielles.

Puis nous aborderons les phénomènes de dérivation ou, plutôt, ce que l'on pourrait appeler "les procédés d'élargissement des bases verbales", ne sachant pas s'ils sont encore productifs actuellement : redoublement de la première syllabe en *CV* (R), infixation en -r- ou -l- (I), suffixation consonantique (S). En conclusion, nous formulerons une hypothèse générale sur la structure consonantique des lexèmes verbaux : les bases verbales seraient, dans leur grande majorité, composées au maximum de une ou de deux consonnes, avec les trois possibilités d'élargissement présentées ci-dessus, soit le schéma : $(R)C_1(I)(C_2)(S)$.

Enfin, nous rassemblerons dans une liste alphabétique tous les verbes cités.

2. STRUCTURE PHONOLOGIQUE

Un lexème verbal est constitué d'un squelette consonantique, d'un schème tonal et d'un support vocalique neutre.

Le squelette consonantique est l'élément le plus stable des lexèmes verbaux. Les formes lexicales commencent et se terminent toujours par des consonnes. De plus, comme nous le verrons plus loin, ce sont les consonnes qui permettent des élargissements des bases verbales.

Le schème tonal comporte nécessairement un ton flottant antéposé et un ton flottant postposé en plus des tons qui peuvent se porter sur le radical proprement dit lorsque celui-ci a plus d'une syllabe.

Enfin on peut dire que le support vocalique est neutre en ce sens qu'il n'a pas de timbre caractéristique, celui-ci se définissant, pour les voyelles tendues, d'après le timbre de la voyelle immédiatement suffixée au lexème verbal.

Soit le schéma général : $^{x}C(...C)^{x}$.

La structure syllabique déterminant en partie le schème tonal, et ces deux éléments conditionnant partiellement le relâchement vocalique, nous examinerons successivement les consonnes, les structures syllabiques, les tons et schèmes tonals puis les voyelles en étudiant leur interdépendance.

2.1. Les consonnes

Les 31 phonèmes consonantiques fondamentaux de la langue sont attestés dans les lexèmes verbaux à l'initiale et en position interne.

Nous avons relevé de plus trois phonèmes, très peu représentés, à l'initiale de verbes expressifs :

/ʔ/ occlusive glottale

ˊʔə̀ɟˋ "éructer"

/gb/ occlusive labio-vélaire sonore

ˊgbə̀mˋ "taper du coude pour faire mal à (qqu'un)"

/ngb/ mi-nasale labio-vélaire

ˊngbə̀wˋ "taper pour démolir (une case)"

ˋngbáŋgbə́ɗɨˋ "bouillir (pour la boule de mil)".

Contrairement aux nominaux, certains lexèmes verbaux admettent des occlusives sonores et des mi-nasales en finale, bien que ces phonèmes soient très rares voire non attestés pour certains d'entre eux (b, nj) en cette position. Cependant, en position finale absolue, c'est-à-dire à la forme déverbative idéophonique, seule forme verbale qui n'admet pas de suffixe[3], l'opposition de voisement est neutralisée au profit de la réalisation sourde pour les occlusives orales, tandis que les minasales se réalisent continues. Exemple :

- forme lexicale : ˋɓárgˋ "danser"

  forme déverbative idéophonique : ɓə̀ràk àɓárgèy "danse, il danse"

- forme lexicale : ˊtàngˋ "traverser"

  forme déverbative idéophonique : táng [tə́ŋ] átə̀ngèy wáyàm

  "traverse, il traverse la rivière".

Les deux tableaux suivants donnent des indications sur la fréquence de chaque phonème consonantique à l'initiale (tableau 1)[4] et en finale (tableau 2)[5] des lexèmes verbaux.

ɓ	16 (2%)	ɗ	20 (2,5%)						
p	38 (4,7%)	t	55 (6,8%)	c	51 (6,3%)	k	39 (4,8%)	kw	25 (3,1%)
b	30 (3,7%)	d	33 (4,1%)	j	33 (4,1%)	g	38 (4,7%)	gw	20 (2,5%)
mb	23 (2,8%)	nd	24 (3%)	nj	20 (2,5%)	ng	27 (3,3%)	ngw	10 (1,2%)
m	17 (2,1%)	n	4 (0,4%)						
f	14 (1,7%)	s	44 (5,4%)	ɬ	24 (3%)	h	31 (3,8%)	hw	17 (2,1%)
v	21 (2,6%)	z	22 (2,7%)	ɟ	29 (3,6%)				
		l	24 (3%)	y	6 (0,7%)			w	34 (4,2%)
		r	17 (2,1%)						

Tableau 1. Les consonnes à l'initiale

ɓ 42 (5,4%)	ɗ 98 (12,6%)			
p 21 (2,7%)	t 33 (4,3%)	c 30 (3,9%)	k 49 (6,3%)	kw 29 (3,7%)
b —	d 4 (0,5%)	j 1 (0,1%)	g 10 (1,3%)	gw 6 (0,8%)
mb 2 (0,3%)	nd 2 (0,3%)	nj —	ng 9 (1,2%)	ngw 3 (0,4%)
m 26 (3,3%)	n 13 (1,7%)			
f 25 (3,2%)	s 36 (4,6%)	ɬ 45 (5,8%)	h 43 (5,5%)	hw 7 (0,9%)
v 14 (1,8%)	z 19 (2,5%)	ɮ 23 (3%)		
	l 54 (7%)	y 8 (1%)		w 40 (5,2%)
	r 83 (10,7%)			

Tableau 2. Les consonnes en position finale

Les lexèmes verbaux peuvent comporter de une à cinq consonnes, les pourcentages étant les suivants :

- une consonne :   35 verbes   (4,3%)
- deux consonnes :   324 verbes (40%)
- trois consonnes :   368 verbes (45,4%)
- quatre consonnes :   81 verbes (10%)
- cinq consonnes :   2 verbes   (0,3%).

D'après ces chiffres, on constate que les verbes monoconsonantiques sont relativement bien représentés ; ils correspondent généralement à des verbes fondamentaux tels que `p´ "poser, placer", `t´ "cuire, préparer (la cuisine)", ´c` "faire mal", `c´ "tresser, partager", `k` "faire", `b` "quitter, sortir", `m´ "retourner, revenir", `f´ "siffler, souffler", `v´ "vivre, passer le temps", ´n` "(se) coucher, passer la nuit", `s´ "boire, fumer", `z` "sentir, pourrir", ´z` "mordre", `nj´ "habiter, rester, s'asseoir", etc.

Voici d'autres exemples pour les verbes à deux, trois, quatre et cinq consonnes :
- deux consonnes : `jə̀v´ "sauter, voler"
- trois consonnes : `cə́cə́ɗ "évider"
                    `hwə̀rm` "battre (tambour)"
                    `ɬə̀ɗk` "se lever, s'éveiller"
- quatre consonnes : `də́də́bə́n` "apprendre"
                     `hə̀ɗkàd` "vendre"
                     `sə́sángr` "rire, se moquer"
- cinq consonnes : `cə̀lpə̀pə̀r` "balancer (crête)"
                   `hə́hə́rlák` "être très mince".

Les verbes à deux et trois consonnes sont de loin les plus nombreux avec respectivement 40% et 45,4% du total de notre corpus.

Nous verrons plus loin que les verbes à trois, quatre et cinq consonnes sont presque toujours dérivés de bases verbales plus simples.

2.2. Les structures syllabiques

Les types de syllabes les plus répandus sont *CV* et *CVC*, étant entendu que la dernière consonne des lexèmes verbaux constitue généralement l'élément initial d'une syllabe dans les formes conjuguées[6], comme par exemple devant le suffixe -ey. Ainsi des verbes comme ˋpérc` "creuser (bois)" doivent être considérés comme disyllabiques, *CVC-C*, la dernière consonne étant à l'initiale de syllabe dans une forme comme pércèy "creuse!".

Nous n'avons relevé que cinq exemples avec des groupes consonantiques *CC(...)* : ˋftádˆ "tailler en pointe", ˋsfál` "faire le malin", ˋdèdèmbrˊ "décanter", ˋɉèɉèmbrˊ "gonfler, grossir (cadavre)", ˋsésángr` "rire, se moquer". Les deux premiers exemples pourraient d'ailleurs s'analyser comme des verbes de type *CVC-C* avec un déplacement de la voyelle devant la possibilité de réalisation du groupe consonantique : ˋfátdˆ, ˋsáfl`. D'autres verbes présentent la possibilité de variantes libres de ce type : ˋtárw` ~ ˋtrów` "manger crû", ˋfárw` ~ ˋfrów` "aspirer", ˋɉárw` ~ ˋɉrów` "craindre", ˋkásw` ~ ˋksów` "mal tresser", ˋndérháɉ` ~ ˋndréháɉ` "être lisse". Un verbe présente deux variantes avec une métathèse de type $C_1VC_2C_3 \rightarrow C_1C_3VC_2$: ˋɬèdkˆ ~ ˋɬkèdˆ "se lever, se réveiller".

Dans le tableau 3, nous analysons et comptabilisons les différentes structures syllabiques attestées dans les lexèmes verbaux :

une syllabe : 35 verbes (4,3%)			
une consonne	*C*	35 verbes	(100%)
deux syllabes : 505 verbes (62,4%)			
deux consonnes	*CV-C*	324 verbes	(64,2%)
trois consonnes	*CVC-C*	179 verbes	(35,4%)
	CCV-C	2 verbes	(0,4%)
trois syllabes : 265 verbes (32,7%)			
trois consonnes	*CV-CV-C*	187 verbes	(70,6%)
quatre consonnes	*CVC-CV-C*	53 verbes	(20%)
	CV-CVC-C	22 verbes	(8,3%)
	CV-CV-CC	3 verbes	(1,1%)
quatre syllabes : 5 verbes (0,6%)			
quatre consonnes	*CV-CV-CV-C*	3 verbes	(60%)
cinq consonnes	*CVC-CV-CV-C*	1 verbe	(20%)
	CV-CVC-CV-C	1 verbe	(20%)

Tableau 3. Les structures syllabiques

2.3. Les tons

L'opposition de deux tons ponctuels haut/bas a un rôle distinctif important dans les lexèmes verbaux, le ton lexical restant invariable quel que soit l'aspect auquel le verbe est employé[7].

Le schème tonal lexical d'un verbe comprend un ton flottant antéposé, un ou plusieurs tons sur le radical lorsque celui-ci comporte plus d'une syllabe, et un ton flottant postposé. Les tons flottants s'appliquent sur ce qui précède et ce qui suit immédiatement le radical verbal[8], comme par exemple le préfixe **ma-** et le suffixe **-ey** utilisés pour former le nom verbal :

formes lexicales	noms verbaux	sens
ʼwèrˋ	máwèrèy	"brûler"
ˋsèpʼ	màsèpéy	"ouvrir, éparpiller".

Les différents schèmes tonals et leur fréquence relative apparaissent dans le tableau 4, où B signifie "ton bas" et H "ton haut".

deux tons	BB	7	(20%)
(une syllabe)	BH	22	(62,8%)
35 verbes (4%)	HB	6	(17,2%)
	BBB	115	(22,7%)
trois tons	BBH	37	(7,3%)
(deux syllabes)	BHB	160	(31,6%)
505 verbes (62,4%)	HBB	191	(37,8%)
	HHB	3	(0,6%)
	BBBB	11	(4,2%)
quatre tons	BBBH	13	(4,9%)
(trois syllabes)	BBHB	2	(0,7%)
265 verbes (32,7%)	BHBB	59	(22,3%)
	BHHB	180	(67,9%)
cinq tons	BBBBB	1	(20%)
(quatre syllabes)	BHHBB	1	(20%)
5 verbes (0,6%)	BHHHB	3	(60%)

Tableau 4. Les schèmes tonals

On trouvera des exemples de ces différents schèmes tonals dans la "liste alphabétique des verbes cités" à la fin de cet article ; nous ne donnerons ici que des exemples des schèmes tonals rares :

BB ˋzˋ "pourrir, sentir"

HB ʼzˋ "mordre"

HHB	´wə́c`	"asperger"
BBHB	`wə̀ʒár`	"se diviser en carrefour, mettre en désordre"
BBBBB	`cə̀lpə̀pə̀r`	"balancer (crête)"
BHHBB	`ʒáʒə́lə̀w`	"se cogner les genoux en marchant"
BHHHB	`hə́hə́rlák`	"être très mince".

D'après le tableau ci-dessus, notons tout d'abord que la séquence HH n'est jamais attesté en position finale.

Nous pouvons souligner la prédominance de certains schèmes tonals selon les structures syllabiques. Ainsi, parmi les verbes à deux tons (une syllabe, une consonne), le schème BH domine avec 62,8% du total des verbes de ce type ; dans les verbes à trois tons (deux syllabes, deux ou trois consonnes) se dégagent les schèmes HBB (37,8%), BHB (31,6%) et BBB (22,7%) ; enfin, dans les verbes à quatre tons (trois syllabes, trois ou quatre consonnes), les schèmes BHHB (67,9%) et BHBB (22,3%) sont nettement plus fréquents que les autres, tous les verbes à quatre ou cinq tons commençant systématiquement par un ton bas. Cette dernière constation s'explique en partie par le fait que ces verbes ont presque tous un redoublement initial de la première syllabe avec ton bas antéposé.

Signalons de plus que les verbes avec séquence consonantique ont très souvent un schème tonal BHB ; ainsi 79% des verbes de structure *CVC-C* suivent le schème BHB tandis que les verbes de structure *CV-C* ont surtout les schèmes HBB (58,3%) et BBB (25,9%) ; dans les verbes trisyllabiques, 94,4% des verbes de structure *CVC-CV-C* et 83,7% des verbes de structure *CV-CVC-C* ont un schème tonal BHHB contre seulement 58,3% des verbes de structure *CV-CV-C*.

Il y aurait donc une certaine dépendance du schème tonal par rapport à la structure syllabique.

2.4. Les voyelles

Les lexèmes verbaux n'ont pas de timbre vocalique caractéristique mais une simple opposition entre des voyelles relâchées et tendues, les premières étant nettement plus fréquentes que les autres puisque, sur un total de 1050 voyelles, 814 sont relâchées, soit 77,5%, et 236 sont tendues, soit 22,5%.

Rappelons que toutes les voyelles sont internes et que, par conséquent, les verbes monoconsonantiques n'ont pas de voyelle radicale.

Les voyelles relâchées, que nous notons par le schwa, ə, sont très brèves, évanescentes, et subissent de nombreux conditionnements phonétiques au contact des consonnes labiales, arrondies, palatales[9]... du radical. Exemple :

formes lexicales	noms verbaux	tr. phonétique	sens
`hwə̀rm`	mə̀hwə̀rmèy	[mɔ̀hùrmèy]	"battre (tambour)"
`lə̀m`	mə̀lə̀mèy	[mà lὺmèy]	"façonner, bâtir"

formes lexicales	noms verbaux	tr. phonétique	sens
´wə̀z`	máwə̀zèy	[mɔ́wùzèy]	"montrer"
`jə̀w`	màjə̀wèy	[màjùwèy]	"attacher"
`pə́pə̀y`	màpə́pə̀yèy	[màpɛ́pìyèy]	"aligner (bois)".

Si les voyelles tendues subissent moins les phénomènes d'attraction consonantique que les voyelles relâchées, par contre, elles s'assimilent systématiquement au
timbre de la voyelle suffixée et se réalisent donc plus ou moins antérieures selon
ce conditionnement morphologique. Ainsi les voyelles non relâchées se réalisent **e**
dàns les noms verbaux, devant le suffixe -ey, et **a** dans les autres formes (toutes
avec la voyelle **a**) comme au participe passé passif, devant le suffixe -(a)kayà, ou
au pluriel, devant la forme -(a)m. Exemple :

formes lexicales	noms verbaux	participe passif	aoriste (2ème pers. plur.)
`cáɬ`	màcéɬèy	màcáɬàkáyà	kàcáɬàm
"verser à terre"	"verser"	"versé(e)"	"vous versez"
`bə́ngáɗ`	màbə́ngéɗèy	màbə́ngáɗàkáyà	kàbə́ngáɗàm
"soulever"	"soulever"	"soulevé(e)"	"vous soulevez".

Devant ce fait, dans les formes de citation ou formes lexicales, nous avons choisi de noter systématiquement les voyelles tendues des lexèmes verbaux par la voyelle **a**, celle-ci pouvant être considérée comme la moins marquée, étant entendu que ce
graphème n'a ici que la valeur d'une "voyelle tendue".

L'opposition relâchée/tendue peut être illustrée par les paires semi-minimales
suivantes :

`kə̀ɗ` "frapper, tuer"	*vs*	`kàd` "montrer, dire"
`wə̀r` "ouvrir, éparpiller"	*vs*	`wár` "regarder"
`pə́ɬ` "verser à terre"	*vs*	`pàɬ` "casser (branche)"
´mə̀ɗ` "arracher"	*vs*	`màɗ` "terminer, finir".

Cependant, ces paires n'étant pas très convaincantes, à cause des changements de
tons, il nous a paru utile, dans le tableau suivant, de préciser la distribution de
ces deux voyelles par rapport aux structures syllabiques et aux schèmes tonals.

- Une syllabe, deux tons

    C : 35 verbes (pas de voyelle interne)

- Deux syllabes, trois tons

CV-C	BBB	BBH	BHB	HBB	HHB
ə	60 (72,3%)	23 (74,2%)	8 (44,4%)	190 (100%)	3 (100%)
a	23 (27,7%)	8 (25,8%)	10 (55,6%)	—	—

CVC-C	BBB	BBH	BHB	HBB	HHB
ə	32 (100%)	6 (100%)	141 (100%)	—	—
a	—	—	—	—	—

- *Trois syllabes, quatre tons*

CV-CV-C	BBBB	BBBH	BBHB	BHBB	· BHHB
ə - ə	2 (18,2%)	2 (28,6%)	—	54 (88,5%)	22 (20,8%)
ə - a	5 (45,4%)	4 (57,1%)	1 (50%)	3 (4,9%)	56 (52,8%)
a - a	3 (27,3%)	1 (14,3%)	1 (50%)	3 (4,9%)	27 (25,5%)
a - ə	1 (9,1%)	—	—	1 (1,7%)	1 (0,9%)

CVC-CV-C	BBBB	BBBH	BBHB	BHBB	BHHB
ə - ə	—	—	1 (50%)	—	3 (5,9%)
ə - a	1 (100%)	—	1 (50%)	—	48 (94,1%)

CV-CVC-C	BBBB	BBBH	BBHB	BHBB	BHHB
ə - ə	—	1 (50%)	—	—	19 (100%)
a - ə	—	1 (50%)	—	—	—

CV-CV-CCV	BBBB	BBBH	BBHB	BHBB	BHHB
ə - ə	—	2 (100%)	—	—	—
a - ə	—	—	—	—	1 (100%)

- *Quatre syllabes, cinq tons*

	BBBBB	BHHBB	BHHHB
ə - ə - ə	1 (100%)	1 (50%)	1 (50%)
ə - ə - a	—	—	1 (50%)
ə - a - ə	—	1 (50%)	—

Tableau 5. La distribution des voyelles relâchées par rapport aux structures syllabiques et aux schèmes tonals

Plusieurs constatations s'imposent à partir de ces données :

1. L'opposition relâchée/tendue est neutralisée devant les séquences consonantiques, ou, si l'on préfère, dans les syllabes internes fermées, au profit de la réalisation relâchée : $C\partial C\text{-}C$ $C\partial C\text{-}CV\text{-}C$ $CV\text{-}C\partial C\text{-}C$. Ce phénomène, d'ailleurs, se vérifie également dans les nominaux. Par contre, la voyelle n'est pas obligatoirement relâchée devant les groupes consonantiques, comme c'est le cas dans la deuxième syllabe du verbe `sə́sángr` "rire, se moquer (de qqu'un)" de type $CV\text{-}CV\text{-}CC$.

2. L'opposition relâchée/tendue semble neutralisée au profit de la réalisation relâchée dans les verbes disyllabiques avec ton flottant antéposé haut : $´C\partial\text{-}C$. C'est le cas des 190 verbes de type $´C\grave{\partial}\text{-}C`$ et des 3 verbes de type $´C\acute{\partial}\text{-}C`$. Rappelons ici qu'aucun verbe de plus de deux syllabes (ou trois tons) n'a un ton haut antéposé.

3. Les cinq verbes à quatre syllabes que nous avons relevés présentent une première syllabe avec voyelle relâchée.

4. La voyelle est plutôt relâchée dans les verbes disyllabiques de type $CV\text{-}C$ à schème tonal BBB (72,3%) et BBH (74,2%).

5. Dans les verbes trisyllabiques de type $CV\text{-}CV\text{-}C$, la voyelle de la première syllabe est plutôt relâchée : 63,6% des verbes à schème tonal BBBB, 85,7% à schème BBBH, 50% à schème BBHB, 93,4% à schème BHBB et 73,6% à schème BHHB, tandis que la voyelle de la deuxième syllabe est le plus souvent tendue : 72,7% des verbes à schème tonal BBBB, 71,4% à schème BBBH, 100% à schème BBHB et 78,3% à schème BHHB. Les verbes à schème tonal BHBB font exception à cette dernière constatation puisque 90,2% des exemples présentent une seconde voyelle relâchée.

6. La seconde voyelle des verbes trisyllabiques de type $CVC\text{-}CV\text{-}C$ est généralement tendue : 100% des verbes à schème tonal BBBB, 50% des verbes BBHB, 94,1% des verbes BHHB.

7. Les verbes trisyllabiques de type $CV\text{-}CVC\text{-}C$ présentent presque toujours une première voyelle relâchée, le schème tonal le plus fréquent étant BHHB : 100% des verbes à schème tonal BHHB, 50% des verbes à schème tonal BBBH.

Pour conclure, en dehors des cas de neutralisation exposés·dans les points 1 et 2 (et peut-être aussi pour les verbes de type `Cə́-Cə́C-C` ; voir point 7), et malgré une certaine complémentarité de la distribution, distribution "préférentielle", pourrait-on dire, il semble nécessaire de considérer les deux voyelles comme des phonèmes distincts même si cette opposition n'a que peu de rendement dans les lexèmes verbaux. Bien que le caractère plus ou moins relâché de la voyelle soit prédictible dans bien des cas, nous devons néanmoins conserver cette distinction pour rendre compte, par exemple, des 25,8% de verbes de type `CV̀-C` où la voyelle n'est pas relâchée et pour lesquels nous n'avons aucune autre explication à fournir pour le moment.

3. DÉRIVATION VERBALE : PROCÉDÉS D'ÉLARGISSEMENT DES BASES VERBALES

3.1. Sens et limites de notre analyse

Nous devons le point de départ de notre analyse des procédés de dérivation verbale en mofu-gudur à une hypothèse que René JAOUEN nous a communiquée à propos de
l'existence probable de suffixes verbaux consonantiques en giziga. Il nous signalait que, en giziga, une partie des verbes polysyllabiques se terminant par la consonne
-p avait un sens voisin de "piétiner", par la consonne -ɓ, le sens de "couper",
-ɬ "tasser, piétiner", -c "couper", -ɗ "faire entrer qqch. gros dans qqch. petit",
-t "action sur une surface", -f "pénétrer", -k "égaliser"...[10]
Reconsidérant ce problème pour le mofu-gudur, seulement depuis notre retour du
terrain, nous avons dressé des listes de verbes d'après les consonnes finales et
constaté, comme en giziga, certaines analogies de sens pour chacune des listes.
Ainsi, une part importante des verbes polysyllabiques se terminant par -ɓ ont un
sens voisin de "être gluant, coller, réunir...", par -w, un sens voisin de "faire
qqch. grossièrement, en désordre...", etc. De cette façon, presque tous les phonèmes consonantiques attestés en position finale semblent pouvoir apporter aux verbes
une nuance particulière.
Nous considérerons certains de ces verbes comme des dérivés dans la mesure où
l'on pourra retrouver des bases verbales correspondantes plus simples, formellement et sémantiquement comparables. Exemple :

dérivés		bases verbales
´rə̀ɓ` "cacher dans le sable, enfouir"	<	`r´ "resserrer (un barrage de sable),
`rə̀v´ "transplanter"	<	" tasser, serrer"
´rə̀ɗ "tasser avec la main (poudre)"	<	"
´rə̀c` "enfoncer, forcer"	<	"
´rə̀ɬ` "serrer, tasser avec la main"	<	"
`rə̀h` "remplir, rassasier"	<	"

Par contre, pour d'autres verbes, nous n'avons pu rapprocher des bases verbales plus
simples, mais seulement d'autres verbes proches sémantiquement et formellement, avec
alternance de la consonne finale. Exemple :

dérivés		bases verbales
`tákwám` "ramasser sans choisir"	<	?
`tákwál` "faire un petit tas"	<	?
`tákwás` "se recroqueviller"	<	?

Enfin, pour d'autres verbes encore, bien qu'ils manifestent certaines analogies sémantiques avec des verbes ayant même consonne finale, nous n'avons pu leur trouver
des bases verbales simples correspondantes ni des verbes comparables avec consonne
finale alternante (ou infixe, ou redoublement de la première syllabe). Tel est le

cas de cinq verbes se terminant par -m, avec un sens voisin de "taper, donner un
coup", pour lesquels nous n'avons trouvé aucun verbe comparable de manière à prou-
ver que ces verbes sont bien des dérivés :

dérivés ?		bases verbales
´gwὲm` "enfoncer qqch. dur en tapant"	<	?
´cὲm` "parer un coup"	<	?
´dὲm` "taper (pour creuser, amollir)"	<	?
´hwὲrm` "battre (tambour)"	<	?
´gbὲm` "taper du coude"	<	?

Un autre procédé de dérivation se révèle lorsque l'on examine la liste des verbes
avec les consonnes -r- ou -l- en première position dans les séquences consonantiques (ou, si l'on préfère, en position finale dans les syllabes internes fermées) :
CVr/l-C, *CVr/l-CV-C*, *CV-CVr/l-C*, *CVr/l-CV-CV-C*, *CV-CVr/l-CV-C*. Comme nous le verrons
plus loin à travers des exemples, il semble que ces deux consonnes soient des infixes de dérivation avec des valeurs particulières pour chacune d'elles.

Enfin, si l'on examine la liste des verbes avec redoublement en *CV* de la première
syllabe, on constate que ces verbes ont généralement une valeur intensive, fréquentative ou durative et que ceci peut constituer un autre procédé de dérivation verbale. Tous les verbes présentant cette caractéristique morphologique de redoublement
à l'initiale semblent devoir être rangés dans cette catégorie de verbes bien que,
comme pour les autres catégories de dérivés, il ne soit pas toujours possible de
trouver des bases verbales simples correspondantes ; par ailleurs, certains verbes
avec redoublement à l'initiale ne nous ont pas paru comporter une valeur intensive
comme, par exemple, le verbe `sәsángr` "rire, se moquer de qqu'un".

Les limites de notre recherche sont dues principalement au fàit que nous n'avons
pas eu encore la possibilité de vérifier sur le terrain tous ces faits de dérivation et qu'il ne s'agit, par conséquent, que d'hypothèses faites à partir d'un corpus. Nous devrons nous assurer de l'existence et du sens de tous ces procédés en
précisant notamment avec les locuteurs le sens des verbes de manière à déterminer,
dans chaque cas particulier, si deux ou plusieurs verbes proches sémantiquement et
formellement sont des doublets ou des verbes distincts avec des nuances particulières que nous n'aurions pas saisies.

Nous ne sommes pas parvenu à expliquer les changements de tons entre les verbes
dérivés et les verbes supposés de base.

Une autre question serait évidemment de savoir si ces procédés sont productifs
ou entièrement archaïques.

Des faits d'élargissement des bases verbales par suffixation ont été présentés
par H. JUNGRAITHMAYR (1970, 1971) en haoussa, tandis que le redoublement à valeur
intensive-fréquentative semble très répandu dans les langues tchadiques.

Nous développerons les trois procédés de dérivation verbale en mofu-gudur selon leur position dans le lexème verbal à savoir, tout d'abord, le redoublement à l'initiale, puis les procédés d'infixation et de suffixation consonantiques.

3.2. Redoublement en *CV* de la première syllabe

Les verbes avec redoublement en *CV* de la première syllabe ont tous un ton flottant antéposé bas.

Ils présentent des variantes libres, très souvent employées, avec effacement de la première consonne ce qui provoque un allongement de la voyelle préfixée et report du deuxième ton sur le préfixe, soit le schéma suivant, à la forme infinitive par exemple, où $\overset{1}{-}$ et $\overset{2}{-}$ symbolisent des tons : ma$\overset{1}{C}$V$\overset{2}{C}$'...ey ⟶ m$\overset{2}{aa}$C'...ey. Exemple :

lexèmes	noms verbaux redoublés	abrégés	sens
ˋɓə̀ɓàȶˋ	màɓə̀ɓèȶèy	màabè̀ȶèy	"greloter"
ˋsə́sángrˋ	màsə́séngrèy ~	máaséngrèy	"rire, se moquer"
ˋpə́pə̀yˋ	màpə́pə̀yèy ~	máapə̀yèy	"aligner (les bois du toit)".

Nous avons relevé 138 verbes avec redoublement initial, soit 17% du corpus, dont voici la répartition selon leur nombre de syllabes :

deux syllabes : 5 verbes		
deux consonnes	5 verbes	(3,6%)
trois syllabes : 129 verbes		
trois consonnes	103 verbes	(74,6%)
quatre consonnes	26 verbes	(18,9%)
quatre syllabes : 4 verbes		
quatre consonnes	3 verbes	(2,2%)
cinq consonnes	1 verbe	(0,7%)

Tableau 6. Nombre de syllabes dans les verbes à redoublement

Les cinq verbes à deux syllabes (deux consonnes) sont les suivants :

ˋvə̀vˋ "ramper, couler"

ˋɗə̀ɗˋ "entraîner, allonger"

ˋɗə̀ɗˊ "humidifier, bourgeonner"   < ˊɗˊ "mélanger peu à peu" ?

ˋlálˋ "voler, dérober"   < ˋlˋ "prendre (qqch.)"

ˋrárˋ "(se) secouer, s'ébrouer"

La grande majorité des verbes avec redoublement (103 verbes, soit 74,6% du total) est composée de trois syllabes de structure $C_1V-C_1V-C_2$. Exemple : ˋɓə̀ɓàȶˋ "greloter, avoir froid".

Notons un seul exemple où le redoublement est interne. C'est le verbe ˋcə̀lpə̀pàrˋ "balancer (crête d'un coq)" qui est probablement un dérivé de l'idéophone cə̀lpàr.cə̀lpàr "qui se balance".

Les verbes dérivés par redoublement en *CV* de la première syllabe ont généralement une valeur intensive, fréquentative ou durative. Comme nous l'avons déjà dit,
nous ne pouvons pas toujours faire dériver ces verbes de bases verbales simples mais
voici néanmoins quelques exemples relativement clairs :

`ɓə̀ɓàʒ`	"avoir froid, greloter"	< ´ɓə̀ʒ`	"se fendre (gercure)"
`cə́cə́ɗ`	"tailler, aiguiser, évider"	< ´cə̀ɗ`	"retirer"
`cə̂cə́p`	"empiler"	< ´cə̀p`	"pendre (un habit)"
`cə́cə̀r`	"couper en lanière"	< ´cə̀r`	"déchirer, cueillir"
`ɗə̂ɗ`	"mouiller, bourgeonner"	< ´ɗ`	"mélanger avec de l'eau"
`fə̂fə̀t`	"verser petite quantité"	< ´fə̀t`	"éventer en soufflant"
`jə́jə̀g`	"consoler"	< ´jə̀g`	"appuyer"
`lə́lə̀ɓ`	"rendre mou en arrosant"	< `lə̀ɓ`	"rendre gluant, glisser"
`ɬə́ɬə̀p`	"être nombreux, tresser"	< ´ɬə̀p`	"rapiécer, se coller"
`pə́pə̀r`	"vaporiser (eau)"	< `pə̀r`	"(se) laver"
`pə́pə̀y`	"aligner (bois d'un toit)"	< ´pə̀y`	"poser contre qqch."
`jə́jə́ɬ`	"verser (beaucoup d'eau)"	< `cáɬ`	"verser à terre"
`wáwás`	"trembler, palpiter"	< `wə̀s`	"bouger".

3.3. Infixation en –r– et –l–

Rappelons ici que 256 verbes ont des séquences consonantiques, soit en détail :

deux syllabes	*CVC-C*	179 verbes
trois syllabes	*CVC-CV-C*	53 verbes
	CV-CVC-C	22 verbes
quatre syllabes	*CVC-CV-CV-C*	1 verbe
	CV-CVC-CV-C	1 verbe
total		256 verbes

Tableau 7. Les séquences consonantiques

Parmi ces 256 verbes, on constate que la première consonne des séquences consonantiques est le plus souvent un **r** : 124 verbes, 48,4% du total, ou un **l** : 32 verbes, 12,5%, soit au total 156 verbes (60,9%).

A l'examen, il ressort que ces consonnes pourraient avoir un rôle dérivationnel,
du moins pour certains de ces verbes[11], la valeur des dérivés en –r– étant mieux
établie que celle des dérivés en –l–.

verbaux, avec les trois "extensions verbales" : wà "directionnel centripète", dá "causatif-instrumental", fá "locatif"[12], bien que ces deux dernières aient tendance à se lexicaliser dans certains verbes.

- *Suffixe* -p : "piétiner, tasser, écraser, assomer, applatir"

  ´də̀p` "fermer, couvrir"        < ´ɗ` "fermer (porte)"
  `hə́rp` "piétiner"   < `hə̀r` "taper"
  `kə́lp` "assomer"   < `kə̀l` "jeter"
  `kə́rp` "écraser"   < ´kə̀r` "écraser, moudre"
  ´lə̀p` "prendre sur le dos"     < ´l` "prendre"
  (voir aussi : `lə́pát` "prendre qqch. lourd")
  ´cə̀p` "mettre (un habit) sur une corde"
  `cə́cə́p` "empiler"
  `jə́jə̀p` "tasser, presser"
  ´ɬə̀p` "se coller contre qqch., rapiécer"
  `ɬə́ɬə̀p` "tresser, rester ensemble"
  (voir : `p´ "placer, poser")

- *Suffixe* -ɓ : (1) "être gluant, coller, réunir, enduire, dissoudre"

  ´cə̀ɓ` "rajouter (paille), boucher" voir ´cə̀p` "mettre (un habit) sur une corde"
                                    " ´cə̀m` (Gudal) "entasser, rassembler"
  `hwə̀rɓ` "se dissoudre"   < `hwə̀r` "creuser (pour avoir de l'eau)" ?
                             voir `hwə́rs` "réduire en poudre"
                             " `hwə́rɬ` "pétrir"
  `kwə́lɓ` "enduire"   < ´kə̀l` "jeter"
  `lə̀ɓ` "rendre gluant, glisser"   < ´l` "prendre" ?
  ´ɬə̀ɓ` "lapper, porter qqch.     voir ´ɬə̀p` "se coller contre qqch., rapiécer"
       gluant à la bouche"
  `ɬə̀rɓ` "recoller"   < ´ɬə̀r` "glisser, râcler"
  ´njə̀ɓ` "coller"             < `nj´ "rester, s'asseoir" ?
  ´rə̀ɓ` "cacher dans le sable, enfouir" < ´r´ "resserrer (un barrage de sable)"
  `sə́sə̀ɓ` "sucer"   < `s´ "boire" ?
  `njə́njə̀ɓ` "être couvert de plaies"
  `jə́hwə́ɓ` "immerger, plonger"
  `kə́kə̀ɓ` "mettre (poudre) dans l'eau"
  `gwə̀ɗɓ` "pourrir"
  `hwə̀rɓ´ "fondre"

         (2) "bégayer, répéter"
  `ɬə́lb` "bégayer"
  `sə́sə́lɓ` "répéter, imiter"

        (3) "être beaucoup ensemble ; couver"

`sə́ɓ` "rester beaucoup ensemble"

´gwə̀ɓ` "couver"

        (4) "être paralysé"

`hə́lɓ` "être paralysé"

        (5) *avec infixe* -r- : "arracher, enlever, détruire"

`ndə̀rɓ` "enlever les gousses"

`də́rɓ` "déplumer"

`sə́rɓ` "désosser"

`gə̀rɓ` "débrousser"

- *Suffixe* -mb : "entasser, gonfler" ? (La consonne mb ne se rencontre que très rarement en finale absolue)

    `jə́hwmb` "avoir un gros ventre"

    (voir : `mb` "entasser", `ɉà̰ɉə̀mbr´ "gonfler, grossir")

- *Suffixe* -m : (1) "rassembler très vite, réunir"

`tákwám` "ramasser sans choisir" voir `tákwál` "faire un petit tas"

                                     " `tákwás` "se recroqueviller"

`cákwám` "ramasser très vite"   < ´cə̀kw` "enlever (vêtement)"

´cə̀m` "entasser, rassembler"

`də́də̀m` "rassembler (des petites choses)"

        (2) "arracher, égraîner, perdre ses feuilles"

`kwə́sm` "débrousser, ramasser (herbe)" < ´kwə̀s` "se rassembler"

`ndə̀rm´ "perdre ses feuilles"

`sə́lm` "égraîner, retirer"

`də́nm` "arracher très vite (comme un voleur)"

        (3) "porter à la bouche"[13]

`bə̀gwə́m` "happer"   < ´bə̀gw` "partager (nourriture)" ?

`bə́hm` "happer"

`tə̀m` "manger sans sauce"   < `t´ "cuire, préparer (cuisine)" ?

´zə̀m` "manger" ?

        (4) "taper"

´gwə̀m` "enfoncer qqch. dur en tapant"

´cə̀m` "parer un coup"

´də̀m` "taper (pour creuser, amollir)"

`hwə̀rm` "frapper (tambour)"

´gbə̀m` "taper du coude"

- *Suffixe* -f: (1) "souffler, cracher, vaporiser, éventer, couler, respirer"

`jə́rf` "couler en cascade, transvaser" < `jéjər` "filtrer" ?

`kə̀f` "venter (mil), guérir (une plaie) en la faisant sécher"

`bə́káf` "haleter"

`tə́tə̀f` "bruiner"

´tə̀f` "cracher"

´də̀f` "souffler sur le feu"

(voir : `f´ "souffler, siffler")

      (2) "action partielle ou de surface : briser en plusieurs morceaux, ramasser une partie, enlever un peu"

`hə̀lf` "ramasser une partie"   < `hə̀l` "rassembler, prendre plus. choses"

`sə̀rf` "se souvenir"   < `sə̀r` "savoir, connaître"

´ngwə̀f` "casser, briser"     voir ´ngwə̀c` "arracher"

`cákwáf` "(se) laver rapidement"

´njə̀f` "goûter en trempant le doigt"

`tə̀rf` "transpercer, semer à sec (en surface)"

´ngwə́ngwə́yf` "se casser facilement"

´ɓə̀f` "faufiler, coudre"

`ɓə̀rf` "piquer"

- *Suffixe* -t : "action sur une surface : peler, écorcer, vanner, tomber, étrangler, rester collé, frotter, tordre, se couvrir"

`pə́pə̀t` "peler"   voir `pə́pə̀s` "émietter"

´sə̀t` "dépouiller"         voir ´sə̀ɗ` "muer, enlever, lécher"

`sə́ɓt` "désenfler"   voir `sə́ɓál` "niveler"

`kwə́lt` "enlever (écorce, croûte)" voir `kwə́lɓ` "enduire" ?

`kwə́rt` "enlever"   "

`fə́fə̀t` "être rachitique, verser   voir `fə́fə̀y` "diminuer, enlever peu à peu"
       une petite quantité (farine)"

´fə̀t` "éventer en soufflant"       < `f´ "souffler, siffler"

´ɬə́rt` "écraser (graines huileuses)" < ´ɬə̀r` "glisser, râcler"

`sə̀sfə̀t´ "écailler"

`cə́lt` "enlever (peau, écaille)"

`hwə́hwə̀t` "évider"

- *Suffixe* -d : (la consonne d n'est attestée qu'exceptionnellement en finale)
       intégration dans le lexème verbal de l'extension instrumentale-
       causative dá : "faire qqch. avec, faire faire qqch."

`hə̀ɗkàd` "vendre"   < `hə̀ɗk` "troquer, échanger, acheter"

`cə̀nd` "apprendre"   < `cə̀n` "entendre, écouter"

`kàd` "montrer, expliquer"   < `k` "faire"

- *Suffixe* -ɗ : (1) "faire entrer qqch. gros dans qqch. petit, tasser, presser,
                                 froisser, mâcher, écraser, allonger, élargir"

ˊrə̀ɗˋ "tasser(poudre) à la main"   voir `r´ "resserrer (barrage de sable)"

`ɬə́rɗˋ "entrer difficilement"      <  ˊɬə̀r` "glisser, râcler"

`ʈə́ʈə́rɗˋ "ouvrir (sac)"           <  `ʈə́ʈə̀r` "rencontrer, joindre"

`zə́rɗˋ "étirer, allonger"          voir `zə́zə̀r` "allonger, pendre"

`mbə́rɗˋ "presser"

`və́rkaɗˋ "froisser"

`tə́rkaɗˋ "mâcher, tirer"

`hámbàɗˋ "croquer, faire mal (à la tête)"

               (2) "extraire, vider, arracher, retirer, fractionner, fendre"

`hə̀rɗˋ "enlever (peau)"            <  `hə̀r` "dépouiller, forger"

`pə́ɬáɗˋ "écorcer"                  <  `pàɬ` "casser (branche)"

`kə́rɗˋ "vomir" ?

`ɬə́ɬáɗˋ "décortiquer, écosser"

`ftáɗˋ "tailler en pointe"

`kwákwáɗˋ "taper pour rendre lisse"

`cə́cə́ɗˋ "tailler, évider"

`ngwángwáɗˋ "taper pour rendre lisse"

`njə́njə́ɗˋ "égraîner (mil)"

`njə́njə́rɗˋ "extraire (déchets des intestins), serrer qq'un à la taille"

               (3) "rouler, enrouler, se replier"

`cə́ckwə́ɗˋ "se replier sur soi, s'accroupir"

`fàɗˋ "rouler"

`gə́də́ɗˋ "se coucher, s'étendre"

`sə̀wɗˋ "enrouler, attacher"

`jə́rɗˋ "tresser (corde)"          <  ˊjə̀r` "couvrir" ?

- *Suffixe* -s : "effriter, enlever une partie, pulvériser, émietter, effacer, frotter"

`də́rɓas` "ébrêcher"   < `də́rɓ` "déplumer" ?

`pə́rs` "écraser (sel)"

`bə́rs` "effriter"

`hwə́ms` "froisser, pulvériser"

`hwə́rs` "pulvériser"

`mə́mə̀s` "aiguiser"

- *Suffixe* -l : "ramasser, collecter"

`cákwál` "ramasser en secouant"   < ˊcə̀kw` "enlever (vêtement)" ?

`cákál` "ramasser, collecter"   < ˊcə̀k` "ajouter"

`ngə́ngə́l` "mettre en boule"   < `ng´ "poser" ?

`tákwál` "faire des petits tas"   voir `tákwám` "ramasser sans choisir"

                                    " `tákwás` "se recroqueviller"

(voir `ndə́lz` "faire des petites boules (de mil)")

- *Suffixe* -r : "(se) gratter, déchirer, arracher, faire mal"

`tə̀hwr` "labourer"   < ´tə̀hw` "tracer un cercle"

`fə́fə̀r` "gratter"

`və́və̀r` "piquer (la bouche)"

´njə̀r` "gratter, se peigner"

`njàr` "geindre"

´ɬə̀r` "glisser, râcler"

`ɬə́ɬə̀r` "élancer (douleur)"

`gwágwàr` "enlever (chair), effeuiller"

`sə́sángr` "rire, se moquer" ?   voir `gə́ms` "sourire"

- *Suffixe* -c : (1) "couper, percer, rompre, arracher"

`pə́rc` "couper au couteau"   < `pə̀r´ (Gudal) "sarcler autour du pied de

                                          mil" ?

`tə́rc` "couper (cheveu)"

`hə́rc` "couper un peu, tirer un peu (de mil du grenier)"

´ngwə̀c` "arracher"          < ´ngə̀w` "séparer"

`mbə́rc` "rompre"

`hə́rwác` "râcler"

                   (2) "couvrir, fermer, enduire, enfoncer"

´ràc` "enfoncer, faire entrer"    < `r´ "resserrer (barrage de sable)"

`kwə́ɓc` "fermer, couvrir"   < ´kwə̀ɓ` "fermer, couvrir"

´kwə̀c` "enduire"

`gə́rc` "fermer (porte)"

´ɬə̀c` "recouvrir, mettre un couvercle"

-*Suffixe* -ɬ : "piétiner, pétrir, écraser, plier, serrer, bousculer, assomer"

`də́də́rɬ` "piétiner, tasser"   < ´də̀r` "enfoncer, clouer"

´rə̀ɬ` "serrer, tasser"          < `r´ "resserrer (barrage de sable)"

`pə̀ɬ` "casser toutes les branches" voir ´pə̀y` "entailler"

                                     " ´pə̀w` "dépecer"

`ɓə́ɬ` "casser avec une pierre"   voir ´ɓə̀ʒ` "fendre"

´mə̀ɬ` "plier"

`bə̀dɬ` "assomer"

`mbə́rɬ` "piétiner"

`njə̀ɬ` "taper avec une pierre, écrabouiller"

`hə́lɓə́ɬ` "plier"

- *Suffixe* -ɟ : (1) "fendre, diviser, éclater"

  ˋpə̀rɟˋ "partager"   < ˋpə̀rˊ (Gudal) "sarcler" ?

  ˋbàɟˋ "couper"   voir ˋbà⁊ˋ "casser"

  ˋtə́táɟˋ "éclater"   voir ˋtə́tá⁊ˋ "casser en croquant"

  ˊndə̀ɟˋ "éclater (par maturité)"   voir ˊndə́⁊ˋ "écraser (qqch. huileux)"

  ˊɓə̀ɟˋ "fendre"   voir ˋɓə́⁊ˋ "casser avec une pierre"

              (2) "entasser, serrer, écraser, lisser"

  ˋcə́rɟˋ "empiler"   < ˋcə́cə̀rˋ "remplir à ras bord"

  ˋngə̀rɟˋ "être coincé"   < ˋngə̀rɗˋ "serrer fort"

  ˋtə̀ɓə́ɟˋ "fermer (couvercle)"   < ˋtə̀ɓˊ "prendre" ?

  ˋndə́rháɟˋ "être lisse"

  ˋngə́ngə́rɟˋ "lisser (poterie)"

- *Suffixe* -y : "étendre, étaler, éparpiller, se disperser, disparaître, diminuer"

  ˊpə̀yˋ "poser contre qqch."   < ˊpˊ "placer, poser"

  ˋpə́pə̀yˋ "aligner (des bois)"   < ˊpə̀yˋ < ˋpˊ

  ˊcə̀yˋ "étendre, étaler"

  ˋfə́fə̀yˋ "diminuer, enlever peu   voir ˋfə́fə̀tˋ "être rachitique, verser une peti-

       à peu"   te quantité (de farine)"

  ˊnjə̀yˋ "jeter en éparpillant"   voir ˊnjə̀gˋ "étaler au soleil"

- *Suffixe* -k : "détacher, arracher, vider, laisser tomber"

  ˋpə̀skˋ "détacher"   < ˊpə̀sˋ "cracher (pour bénir)" ?

  ˋpə́tkˋ "vanner"   voir ˋpə́pə̀tˋ "peler"

  ˋpə́ɗkˋ "fendre"   voir ˋpə́ɗwˋ "fractionner"

  ˋpə́r⁊ákˋ "arracher"   voir ˋpə̀rɟˋ "partager"

  ˋházákˋ "jeter, laisser tomber"

- *Suffixe* -h : "briser, écorcher, inciser, faire des traits, percer"

  ˋbə́ɟhˋ "ébrancher"   < ˋbàɟˋ "couper"

  ˋcə́rhˋ "tailler, trancher"   < ˊcə̀rˋ "cueillir, déchirer"

  ˋ⁊ə́lhˋ "percer en surface"   voir ˋ⁊ə̀nˋ "percer"

  ˋkə́kə́lhˋ "ébrancher"   < ˊkə̀lˋ "jeter" ?

  ˊgwə̀hˋ "éclaircir (plants de mil)"

  ˊcə̀hˋ "entailler"

  ˋbə́chˋ "s'écorcher (rasoir)"

  ˋwə́chˋ "inciser, blesser"

- *Suffixe* -kw : (1) "éclater, percer, désherber"

  ˋpə́tkwˋ "percer (plaie)"   < ˋpə́pə̀tˋ "peler" ?

  ˋpə́⁊kwˋ "casser"   < ˋpà⁊ˋ "casser (branche)"

  ˋcə́lkwˋ "dépouiller, écailler"   < ˋcə́ltˋ "dépouiller, écailler" `bə́rkw` "sarcler (2ème fois)"   < `pə̀r´` (Gudal) "sarcler (autour du mil)" ?

´pə̀kw` "désherber"

`pə́ɗkw` "se faire une blessure"   voir `pəɗk` "fendre"

            (2) "mettre en boule, rouler, arrondir"

`mbə́mbə́kw` "faire une boule"   < `mb` "entasser" ?

`cə́cə́ɗkw` "s'accroupir, être assis sur ses talons"

`mbə́rzákw` "faire des gros yeux"

- *Suffixe* -w : (1) "faire qqch. grossièrement, en désordre, pour détruire (dépecer,
                 désherber), être bancal, se cogner, parler sans écouter, inter-
                 rompre qq'un"

´pə̀w` "dépecer"                    < `p´` "placer, poser" ?

`pə́ɗw` "fractionner"   voir `pə́ɗk` "fendre"

´ɬə̀w` "saisir au vol"            < `ɬ´` "couper, ravir (une fiancée)"

´ƺə̀w` "interrompre qqu'un"        < `ƺ´` "commencer"

´kə̀w` "faire du mal, être impoli"    < `k` "faire"

`ngə́rw` "concasser"   < ´ngə́r` "déchirer"

´bə̀w` "effeuiller"

`bə́lw` "manquer à son travail"

´mbə̀w` "biner"

´rə̀w` "boire à toutes les calebasses"

`tə́rw` "manger crû"

`kə́sw` "mal tresser"

´yə̀w` "se quereller"

`gə́rƺáw` "écraser grossièrement"   < ´kə̀r` "écraser" ?

`ngə́ɗw` "être bancal"

`ƺáƺə́lə̀w` "se cogner les genoux en marchant"

            (2) "tordre, tresser, attacher"

´və̀w`  "tordre"                    < `v´` "arracher" ?

`ngə́tw` "tordre (bois)"

`kə́lw` "attacher"   voir `kə́lng` "passer (une corde) autour du cou"

`gə́zw` tisser (toile d'araignée)

(voir également `gə́zwál` "tisser")

`jə̀w` "attacher"

(`jə́rwáɗ` "tordre (écorce)"   < `jə́rɗ` "tresser (corde)")

            (3) suffixe singulier dans deux verbes irréguliers :

`dàw` "aller, partir" (nom verbal : màdàw)

`gwáw` "pouvoir"   (nom verbal : màgwáw)

3.5. Conclusion

Au terme de cette analyse, malgré certaines incertitudes dans le détail, il apparaît assez clairement que les trois procédés que nous venons d'exposer ont joué et jouent peut-être encore un rôle de création lexicale par élargissement des bases verbales, les consonnes étant primordiales dans ce processus.

Il nous est impossible actuellement de chiffrer avec précision le nombre de verbes dérivés, à l'exception des verbes avec redoublement initial de la première syllabe, mais on peut penser tout de même que la grande majorité des verbes de base non dérivés comporte une ou deux consonnes au maximum, bien que certains verbes ne semblent pas pouvoir se réduire à moins de trois consonnes radicales, comme par exemple `ɬə̀ɗk` "se lever, se réveiller", `hə̀ɗk` "troquer, acheter", `ɓə́rg` (Mokong) ou `gə́rv` (Gudal) "danser".

En symbolisant les différents procédés de dérivation verbale comme suit : R redoublement de la première syllabe, I infixation en -r- ou -l-, S suffixation consonantique, nous pouvons schématiser la structure consonantique des lexèmes verbaux par la formule générale : $(R)C_1(I)C_2(S)$, les éléments entre parenthèses étant facultatifs. Comme nous l'avons souligné à plusieurs reprises, le problème est de déterminer, dans chaque cas particulier, quelles sont la ou les consonnes radicales par opposition aux consonnes infixées et suffixées.

4. LISTE ALPHABÉTIQUE DES VERBES CITÉS

La liste qui va suivre reprend tous les verbes cités dans cet article. Le classement adopté ne tient compte que des consonnes, dans l'ordre suivant : b, ɓ, c, d, ɗ, f, g, gb, gw, h, hw, j, k, kw, l, ɬ, ʑ, m, mb, n, nd, ng, ngb, ngw, nj, p, r, s, t, v, w, y, z, ʔ.

`b´` sortir, quitter

`bə́ch` écorcher

`bə́dɬ` assommer

`bə̀gw´` partager (nourriture)

`bə́gwə́m` happer

`bə́hm` happer

`bə́káf´` haleter

`bə́lw` manquer à son travail

`bə̀ɬ´` casser

`bàʑ´` couper

`bə̀ʑh` ébrancher

`bə́ngáɗ` soulever

`bə́rkw` biner

`bə́rs` effriter

`bə̀w´` effeuiller

`ɓə̀f´` faufiler, coudre

`ɓə́ɬ` casser avec une pierre

`ɓə̀ʑ´` se fendre

`ɓə̀r´` fendre

`ɓə̀rf` piquer

`ɓə́rg` (Mokong) danser

`c´ tresser
´c` faire mal
´càɓ` rajouter (paille) boucher
`cécéɗ` tailler, évider
`cécéɗkw`, `céckwéɗ` s'accroupir, être
    assis sur ses talons, se replier
`cécép` empiler
`cécèr` remplir à ras bord
´càh` entailler
`càk` ajouter
`cákál` ramasser, collecter
`càkw` enlever (vêtement)
`cákwáf´ (se) laver rapidemment
`càkwám` ramasser très vite
`càlpèpèr` balancer (crête de coq)
`célkw` dépouiller, écailler
`célt` enlever (peau, écaille)
`cáɬ` verser à terre
`càm` parer un coup
´càm` (Gudal) entasser, rassembler
`càn` entendre, écouter
`cànd` apprendre
´càp` mettre (un habit) sur une corde
`càr` cueillir, déchirer
`cérh` tailler, trancher
`cérɬ` empiler
`càv´ (Gudal) sauter, voler
`cày` étendre, étaler

`dèdèbèn` apprendre, essayer
`dèdérɬ piétiner, tasser
´dèm` taper (pour creuser, amollir)
`dénm` arracher très vite (comme un voleur)
´dèr` enfoncer, clouer
`dérɓ` déplumer
`dérɓás` ébrécher
`dàw aller, partir
`dáwár` gâter, se perdre

´ɗ` fermer (porte), mélanger (peu à peu)
`dèɗ` entraîner, tirer, allonger
`dèɗ´ humidifier, bourgeonner
`dédèm` rassembler (des petites choses)
´dèf´ souffler sur le feu
´dèp` fermer, couvrir

`f´ souffler, siffler
`fàc` balayer, nettoyer
`fàɗ` rouler
`fàfàkw` fleurir
`féfèt` être rachitique, verser une petite
    quantité (de farine)
`féfèy` diminuer, enlever peu à peu
`fèk` griller (au feu)
`fèn´ dépasser, surpasser
`férw` aspirer
´fèt` éventer en soufflant
`ftáɗ` tailler en pointe

`gédéɗ` se coucher
`gèɬ` jeter
`géms` sourire
`gèrɓ` débrousser
`gérc` fermer (porte)
`gérɬáw` écraser grossièrement
`gérv´ (Gudal) danser
`gézw` tisser (toile d'araignée)
`gézwál` tisser (toile d'araignée)

`gbèm` taper du coude

`gwèɓ` couver
`gwèdɓ pourrir
`gwágwár` enlever (chair), effeuiller
`gwèh` éclaircir (plants de mil)
´gwèm` enfoncer (qqch. dur) en tapant

`hə́ɗk` troquer, échanger, acheter

`hə́ɗkàd` vendre

`hə́hə́rlák` être très mince

`hə̀l` rassembler, ramasser plusieurs
    choses

`hə́lɓ` être paralysé

`hə́lɓa⁊` plier

`hə̀lf` ramasser une partie

`hámbáɗ` croquer, faire mal (à la tête)

`hə̀r` taper, forger

`hə́rc` couper un peu, tirer un peu
    (de mil du grenier)

`hə́rɗ` enlever (peau)

`hə́rp` piétiner

`hə́rwác` râcler

`hə̀t` trouver, voir, apercevoir, avoir

`házák` jeter, laisser tomber

`hw´` fuir, s'enfuir, courir

`hwə́hwə́t` évider

`hwə́ms` froisser, pulvériser

´hwə̀r` creuser (pour avoir de l'eau)

`hwə̀rɓ` se dissoudre

`hwə̀rɓ´` fondre

`hwə́r⁊` pétrir

`hwə̀rm` battre (tambour), gronder (vent)

`j´` essayer

`jə́hwə́b` immerger, plonger

`jə́hwmb` avoir un gros ventre

`jə́jə̀hw` tousser, râcler

`jə́jə́⁊` verser (beaucoup d'eau)

`jə́jə̀p` tasser, presser

`jə́jə̀r` filtrer

´jə̀r` couvrir

`jə́rɗ` tresser (corde)

`jə́rf` couler en cascade, transvaser

`jə̀v´` (Mokong) sauter, voler

`jə̀w` attacher, lier

`k´` faire, agir

`kácwár` aller et venir

`kàd` montrer, expliquer

`kə̀d` frapper, tuer

`kə̀f` venter (mil), guérir (une plaie) en
    la séchant

`kə́kə̀ɓ` mettre (poudre) dans l'eau

`kə́kə́lh` ébrancher

´kə̀l` jeter

`kə́lng` passer (une corde) autour du cou

`kə́lp` assomer

`kə́lw` attacher

´kə̀r` écraser, moudre

`kə́rɗ` vomir

`kə́rp` écraser

`kə́sw` mal tresser

`kə́twál` faire le tour de qqch.

´kə̀w` faire du mal, être impoli

´kwə̀b` fermer, couvrir

`kwə́ɓc` fermer, couvrir

´kwə̀c` enduire

`kwákwáɗ` taper pour rendre lisse

`kwə́lɓ` enduire, peindre

`kwə́lt` enlever (écorce, croûte)

`kwə́rt` enlever

´kwə̀s` se rassembler

`kwə́sm` débrousser, ramasser (herbe)

`l` prendre, porter

`lə̀ɓ` rendre gluant, glisser

`làc` être debout, s'arrêter

`lál` voler, dérober

`lə̀m` façonner, bâtir, construire

´lə̀p` prendre sur le dos, plier

`lə́pát` prendre (qqch. lourd), pencher,
    courber

´lə̀w` accrocher, pendre, suspendre

`láwár` se balancer

`ɬ´ couper, ravir (une fiancée)
`ɬàɓ` lapper, prendre qqch. gluant
´ɬàc` recouvrir, mettre un couvercle
`ɬàɗk` `ɬkàd` se lever, se réveiller
`ɬálb` bégayer
`ɬálh` percer en surface
`ɬáɬáɗ` décortiquer, écosser
`ɬáɬàp` tresser, rester ensemble dans
      une même case
`ɬáɬàr` élancer (douleur)
`ɬàn` percer
´ɬàp` se coller contre qqch., rapiécer
´ɬàr` glisser, râcler
`ɬàrɓ` recoller, se coucher l'un contre
      l'autre
`ɬárɗ` entrer difficilement
`ɬárt` écraser (graines huileuses)
´ɬàw` saisir au vol

`ɮ´ commencer
`ɮàh` ronfler
`ɮáɮàlàw` se cogner les genoux en
      marchant
`ɮàɮàmbr´ gonfler, grossir
`ɮáɮàr` rencontrer, joindre
`ɮáɮárd` ouvrir (sac)
`ɮàmb´ cacher, se tenir caché
`ɮárw` craindre, avoir peur
´ɮàw` interrompre (qqu'un)

`m´ retourner, revenir
´màc` mourir
`máckwáɗ` tordre (peau)
`màɗ` terminer, finir
´màɗ` aracher
´màɬ` plier
`mámàs` aiguiser
`márd` s'étirer
`márkwáɗ` luxer, se froisser
`máskwáɗ` écraser (2ème fois)

`mb` entasser, gonfler
`mbámbákw` faire une boule
`mbárc` rompre
`mbárd` presser
`mbárɬ` piétiner
`mbárzákw` faire les gros yeux
´mbàw` biner

´n` s'étendre, se coucher, passer la nuit
´nàk`regarder

`nd´ avaler, être gourmand
`ndáɬ` écraser (qqch. huileux)
´ndàɮ` éclater (par maturité)
`ndàrɓ` enlever les gousses
`ndárháɮ` être lisse
`ndárk` (Gudal) lécher
`ndàrm` perdre ses feuilles
´ndàv` finir, terminer

`ng´ poser, tendre (un piège)
`ngáɗw` être bancal
`ngángál` mettre en boule
`ngángárɮ` lisser (poterie)
´ngàr` déchirer
`ngàrd` serrer fort
`ngàrɮ` être coincé
`ngárw` concasser
`ngátw` tordre (bois)
´ngàw` séparer

`ngbángbáɗɬ` bouillir (boule de mil)
´ngbàw` taper pour démolir (une case)

´ngwàc` arracher
`ngwàf` casser, briser
`ngwángwáɗ` taper pour rendre lisse
`ngwángwáyf` se casser facilement

140

ˋnjˊ s'asseoir, rester, habiter

ˊnjə̀ɓˋ coller

ˋnjà̱d̂ˋ frire, griller

ˊnjə̀fˋ goûter en trempant le doigt

ˊnjə̀gˋ étaler au soleil

ˋnjə́ɬˋ taper avec une pierre, écraser

ˋnjə́njə́ɓˋ être couvert de plaies

ˋnjə́njə́d̂ˋ égraîner (mil)

ˋnjə́ɲjə́rd̂ˋ extraire (déchets des intes-
       tins), serrer qqu'un à la taille

ˋnjà̱rˋ geindre

ˊnjə̀rˋ gratter, se peigner

ˊnjə̀yˋ jeter en éparpillant

ˋpˊ placer, poser, tomber (pluie)

ˋpə́d̂kˋ fendre

ˋpə́d̂kwˋ se blesser

ˋpə́d̂wˋ fractionner

ˊpə̀kwˋ désherber

ˋpà̱ɬˋ casser toutes les branches

ˋpə́ɬˋ verser à terre

ˋpə́ɬá̱d̂ˋ écorcer

ˋpə́ɬkwˋ casser

ˋpə́pə̀tˋ peler, écorcer

ˋpə́pə̀yˋ aligner (des bois)

ˋpə̀rˋ laver, se laver

ˋpə̀rˊ (Gudal) sarcler (autour du pied
       de mil)

ˋpə́rcˋ creuser, évider, couper au couteau

ˋpə́rkwá̱d̂ˋ tordre (épi de maïs)

ˋpə́rɬákˋ arracher

ˋpə̀rʑˋ partager

ˋpə́rsˋ écraser (sel)

ˊpə̀sˋ cracher (pour bénir)

ˋpə̀skˋ détacher

ˋpə́tkˋ vanner

ˋpə́tkwˋ percer (plaie)

ˊpə̀wˋ dépecer

ˊpə̀yˋ poser contre qqch.

ˊpə̀yˋ entailler

ˋrˊ resserrer (un barrage de sable)

ˊrə̀ɓˋ enfouir, cacher (dans le sable)

ˊrà̱cˋ enfoncer, forcer, faire entrer

ˊrə̀d̂ˋ tasser (poudre) avec la main

ˋrə́gá̱d̂ˋ se prosterner

ˊrə̀hˋ remplir, rassasier

ˊrà̱kˋ mendier

ˊrə̀ɬˋ serrer, tasser avec la main

ˋrárˊ secouer, s'ébrouer

ˋrə̀vˊ transplanter

ˊrə̀wˋ boire à toutes les calebasses

ˋsˋ (awà) venir

ˋsˊ boire, fumer

ˋsə́ɓˋ rester beaucoup ensemble

ˋsə́ɓá̱lˋ niveler

ˋsə́ɓtˋ désenbler

ˊsə̀d̂ˋ (Mokong) lécher avec le doigt, enle-
       ver, muer

ˋsə́lmˋ égraîner, retirer

ˋsə̀pˊ suivre, chercher

ˋsə̀rˋ savoir, connaître

ˋsə́rɓˋ désosser

ˋsə̀rfˋ se souvenir

ˋsə́sə̀ɓˋ sucer

ˋsə̀sfə̀tˊ écailler

ˋsə́sə̀lˋ griller

ˋsə́sə́lɓˋ répéter, imiter

ˋsə́sángrˋ rire, se moquer

ˋsə́sə́rkˋ apprendre

ˊsə̀tˋ dépouiller

ˋsə̀wd̂ˋ enrouler, attacher

ˋtˊ cuire, préparer (cuisine)

ˋtə̀ɓˋ prendre, accepter

ˋtə́ɓə̀ʑˋ fermer (couvercle)

ˊtə̀d̂ˋ tomber

ˋtə̀fˋ coudre, percer

ˊtə̀fˋ cracher

ˊtə̀hwˋ tracer un cercle

`tə́hwr` labourer

`tákwál` faire des petits tas

`tákwám` ramasser sans choisir

`tákwár` brûler

`tákwás` se recroqueviller

`tə̀m` manger sans sauce

´tə̀ng` traverser (rivière)

´tə̀r` éplucher, décoller

`tə́rc` couper (cheveux)

`tə̀rf` transpercer, semer à sec

`tə́rkáɗ` mâcher, tirer

`tə́rw` manger crû

`tə́tə̀f` bruiner

`tə́tə̀l` goûter

`tə́tə́lk` goûter

`tə́táɬ` casser en croquant

`tə́táⱦ` éclater

`tə́tə̀m` (Gudal) chercher à tâton

`tə́tə̀mk` (Mokong) chercher à tâton

`tə̀w` pleurer, résonner (musique)

`táwár` chercher partout

`v´` vivre, passer le temps

`v´` arracher

´və̀l` donner

`və́rkáɗ` froisser

`və̀v` couler, ramper

`və́və̀r` piquer (la bouche)

´və̀w` tordre

`w` s'enivrer

`w´` mesurer, commander

´wə́c` asperger

`wə́ch` inciser, blesser

`wə̀ẓár` se diviser en carrefour, mettre
        en désordre

`wə̀r` ouvrir, éparpiller

`wár` (Gudal) ragarder

´wə̀r` brûler

`wə̀s` bouger, remuer

`wáwás` trembler, palpiter

´wə̀z` montrer, expliquer

´y` accoucher, naître

´yə̀w` se quereller

´z` pourrir, puer, sentir

´z` mordre, piquer

`zə̀ɓ´` (Gudal) chercher (qqu'un perdu)

`zə̀l` appeler, nommer

`zə̀m` manger, couper (couteau)

`zə́rɗ` étirer, allonger

`zə́zə̀r` allonger, pendre

´ʔə̀ⱦ` éructer

NOTES

[1] René JAOUEN a présenté une analyse du système verbal en giziga lors du XIème congrès de la Société Linguistique de l'Afrique Occidentale (Yaoundé, 1-5 avril 1974). (Mokong) ou (Gudal) sont des dialectes mofu-gudur.

[2] Voir "La transcription d'un texte mofu-gudur : problèmes linguistiques", *in Cinq textes tchadiques* (H. JUNGRAITHMAYR et J.P. CAPRILE éd.), Marburger Studien zur Afrika- und Asiekunde (Berlin-Marburg), sous presse, 48p. dactyl.

[3] Les verbes monoconsonantiques conservent le suffixe -ey à la forme idéophonique. Ainsi le verbe `b´` "sortir, quitter" se réalise béy à cette forme.

[4] Dans le tableau 1, il faudrait ajouter les phonèmes ? (1 verbe, 0,1%), gb (1 verbe, 0,1%) et ngb (2 verbes, 0,3%).

[5] Dans le tableau 2, nous n'avons pas tenu compte des verbes monoconsonantiques puisque les consonnes de ces verbes ne sont jamais attestées en position finale absolue (voir note 3).

[6] A la forme déverbative idéophonique, une voyelle vient s'insérer dans la dernière syllabe des verbes se terminant par une séquence consonantique. Ainsi `bə́rg` (CVC-C) "danser" se réalise bə̀ràk (CV-CVC) à cette forme.

[7] Toutefois, à la forme déverbative idéophonique, on constate un certain nombre de modifications du schème tonal que nous ne tenterons pas d'expliquer ici.

[8] Nous avons illustré les applications des tons flottants lexicaux des verbes dans notre article déjà cité : "La transcription d'un texte mofu-gudur : problèmes linguistiques".

[9] Pour les différentes règles de réalisation de la voyelle relâchée, voir notre article précédemment cité, § 2.2.

[10] René JAOUEN, communication personnelle (janvier 1975).

[11] Nous n'avons pas poussé l'analyse des infixes plus loin mais il est possible que d'autres consonnes (s, ɬ...) aient également un rôle d'affixe en cette position, comme semblent le montrer les exemples suivants :
`mə́skwádˋ` "écraser (pour la deuxième fois)"
`mə́rkwádˋ` "luxer, se froisser"
`mə́ckwádˋ` "tordre (la peau)".

[12] Pour plus de précisions, voir notre article déjà cité, § 4.3.

[13] Il s'agit peut-être d'anciens composés avec méy "bouche, parole", ou mày "faim".

RÉFÉRENCES BIBLIOGRAPHIQUES

BARRETEAU D. - sous presse - La transcription d'un texte mofu-gudur : problèmes linguistiques, *Cinq textes tchadiques* (H. JUNGRAITHMAYR et J.P. CAPRILE éd.), Marburger Studien zur Afrika- und Asiekunde, Berlin-Marburg, 48p. dactyl.

JAOUEN R. -1974- Le verbe en giziga, Communication au XIème congrès de la Société linguistique de l'Afrique occidentale (Yaoundé, 1-5 avril 1974).

JUNGRAITHMAYR H. -1970- On root augmentation in Hausa, *Journal of African Languages* 9 (2), pp.83-88.

JUNGRAITHMAYR H. -1971- Reflections on the root structure in Chadohamitic (Chadic), *Actes du huitième congrès de la Société linguistique de l'Afrique occidentale*, Annales de l'Université d'Abidjan, sér. H (Linguistique), vol.1, pp.285-292.

Daniel BARRETEAU
O.R.S.T.O.M.

III. LE PROBLÈME DES CONTACTS: LES INTERFÉRENCES LEXICALES ENTRE LANGUES TCHADIQUES ET LANGUES NON TCHADIQUES

JEAN-PIERRE CAPRILE

LES MOTS VOYAGEURS DANS L'INTERFLUVE
BAHR-ERGUIG/CHARI/LOGONE :
COMPARAISON LEXICALE ENTRE LE BARMA, LANGUE SARA
DE L'ANCIEN ROYAUME BAGUIRMIEN,
ET LE TUMAK, LANGUE TCHADIQUE

L'influence politique de l'ancien royaume du Baguirmi
sur les Toumak du Moyen Chari nous est apparue lors d'une
enquête sur la tradition orale en pays toumak.

A l'occasion du recueil de plusieurs versions de l'histoire des Toumak et de la généalogie de leurs chefs, nous
avons en effet pu constater que la plupart des informateurs
insistaient sur l'alliance entre les chefs du principal centre toumak, Goundi, et le roi du Baguirmi. (J.P. CAPRILE ,
1977).

Cette alliance avait déjà été signalée par G.NACHTIGAL
qui visita la région en 1872 (NACHTIGAL : 1889). Lorsque
vingt ans plus tard la mission MAISTRE arriva à Goundi, elle
fut accueillie par le représentant du Mbang (roi) baguirmien,
qui les invita à se rendre auprès de son maître, à Massénya,
capitale du royaume (MAISTRE : 1895, BRUNACHE : 1894).

Malgré la prise de Massénya d'abord par les Ouadaïens
en 1870, puis par Rabah, en 1892, les Toumak ont probablement
gardé un lien politique de vassalité envers leur suzerain
baguirmien jusque vers 1900 (MAQUET : 1971).

De nos jours, l'influence baguirmienne est toujours per-
ceptible. Un certain nombre de Toumak continuent à parler le
ɓarma, langue de l'ancien royaume baguirmien, en particulier
à Goundi (quartiers baguirmi et Goundi 1), à Koundi (village
de l'ancien Alifa Mahamat Doufong Makoundjé), à Paligne et à
Paloum (quartier Palgue).

A tel point que lorsque, en 1975, le Professeur JUNGRAITHMAYR voulut enregistrer une tradition orale auprès de Mahamat Doufong Makoundjé, qui cumula en son temps les titres de dol (chef toumak), d'alifa (représentant de Baguirmi) et de chef de canton, celui-ci utilisa le ɓarma et non le toumak.

Cette situation de contact entre le ɓarma, une langue sara (du groupe soudanais central, branche chari-nilotique de la famille nilo-saharienne de J. GREENBERG) et le toumak, une langue tchadique (branche orientale, sous-branche méridionale, selon H. JUNGRAITMAYR et K. SHIMIZU) a pu favoriser les interférences entre les deux langues. Aussi nous a-t-il paru intéressant de comparer les lexiques des deux langues.

Pour le toumak nous avons utilisé les données que nous avons recueillies sur le terrain, partiellement publiées (CAPRILE : 1975).

Le ɓarma posait un problème plus particulier. En tant que langue du royaume baguirmien il était, et est toujours, parlé comme langue maternelle par des Baguirmiens et des populations assimilées (il semble qu'il y ait plusieurs variétés de ɓarma langue première) et comme langue seconde par une partie des populations très diverses qui se sont trouvées dans la zone d'influence de Masségna, des rives du lac Tchad au nord, jusqu'au pays toumak au sud, entre le Logone à l'ouest et jusque vers le Batha de Leiri à l'est du bahr Erguig.

Nous avons donc utilisé pour le ɓarma :
1°- des documents que nous avons recueillis sur le ɓarma parlé à Goundi
2°- des documents que nous avons recueillis sur le ɓarma parlé à Ndjaména et à Guelengdeng.
3°- des documents recueillis par Douglas SAXON, historien américain de U.C.L.A., sur le ɓarma parlé à Bousso
4°- des documents recueillis par le Père VANDAME sur une variété de ɓarma qui semble être également celle de Bousso.

Nous nous sommes servi de deux listes de mots, celle

du QIL (questionnaire d'Inventaire Linguistique, programme
ILCAM, LP 3.121 du C.N.R.S. et ONAREST) et celle d'un millier
de termes établie par D. SAXON (SAXON : sous presse), que
nous tenons à remercier pour les informations qu'il nous a
données (sur le barma de Bousso et le kenga de Ab Touyour).

Le QIL se compose de 221 termes qui appartiennent en
principe au "vocabulaire fondamental" des langues, celui qui
offre le moins de prise aux interférences, dans la mesure où
un "vocabulaire fondamental" existe.

Sur ces 221 termes, 12 nous paraissent commun au toumak
et au barma : arc/flèche, bâton, cent, compter, cours d'eau/
rivière/fleuve, jour, long, peau, pou, si, tout, vouloir,
soit 5,4 % (cf. en annexe la liste, dans l'ordre alphabétique
français, des termes communs au toumak et aux différentes
variétés de barma).

Le questionnaire de D. SAXON comprend un millier de
termes Il a été conçu par un historien désireux d'obtenir
des renseignements historiques sur les populations d'Afrique
Centrale, à partir de données linguistiques (SAXON : 1976).

Nous n'avons pu obtenir que 712 termes, en toumak et
en barma, sur le millier du questionnaire. Sur ces 712 termes 78 sont communs au toumak et au barma, soit 10,9 %.

Si nous laissons de côté emprunts au français et à
l'anglais après avoir rassemblé les termes communs aux deux
langues dans les deux questionnaires, nous obtenons une
liste (cf.annexe) qui comprend 78 unités, soit toujours près
de 11 % du vocabulaire sur lequel nous travaillons.

On devra examiner avec la plus grande attention ces
78 termes avant de les utiliser pour la reconstruction de
formes prototchadiques.

Il faudra en tenir compte pour 17 items figurant dans
la liste proposée par H. JUNGRAITHMAYR et K. SHIMIZU :
arc, calebasse, chameau, charbon, chasser (chasseur seulement),
cheval, crocodile, flèche, haricot, houe, long, matin (jour),
natte, peau, pou, poulet, remède.

On peut essayer de regrouper dans quelques aires sémantiques certains termes communs au toumak et au ɓarma :

- certains termes concernent le fleuve ("capitaine", cours
  d'eau, crocodile, hameçon, nager). C'est assez compréhen-
  sible puisqu'aucun cours d'eau important ne traverse le
  pays toumak
- d'autres termes concernent des animaux domestiques ou
  utiles (âne, canard, chameau, cheva l, pou, poule, tourterelle)
- d'autres des animaux remarquables (girafe, python)
- d'autres des plantes utiles et souvent commercialisées
  (datte, haricot, karité, kola, manioc, patate douce,
  rônier)
- d'autres des techniques (aiguille en bois, aiguille en
  fer, arc, balaphon, bleu, brique, calebasse, charbon de
  bois, fil de fer, gourde, houe, métier à tisser, natte sp.,
  tisser)
- d'autres des produits commercialisés et les échanges com-
  merciaux (beurre, bière de mil, cent, compter, mille, or,
  sel, sucre + plantes utiles cf.ci-dessus)
- d'autres l'exercice de l'autorité et la guerre (adjoint,
  célibataire, chef, couverture, ennemi, épée, être fort,
  fouet, fourreau, mors, roi, soldat, vouloir).

Bien sûr, cette esquisse de classement en aires sémantiques ne peut remplacer une description des phénomènes
sociaux qui sont toujours à la base des interférences linguistiques.

On remarquera que nous ne nous sommes pas prononcer
sur l'origine de ces termes communs. Nous ne pensons pas
qu'ils appartiennent au fonds lexical toumak. Il s'agit
probablement d'innovations lexicales, très vraisemblablement
par emprunt, de date assez récente. Une grande partie n'-
appartient pas non plus au fonds lexical ɓarma. Quelques
termes viennent indiscutablement du monde musulman sinon
toujours arabe.

Il serait intéressant de savoir quels chemins ont

emprunté ces termes, qu'on pourrait qualifier de "mots voyageurs", pour reprendre une expression de A.G. HAUDRICOURT
(HAUDRICOURT, 1942).

Le cas du "mot voyageur" servant à désigner le pain dans
bon nombre de langues du sud du Tchad est à cet égard intéressant. Il s'agit du terme mapa. On retrouve ce terme un
peu plus au sud, en Empire Centrafricain, dans la langue
véhiculaire nationale, le sango. En allant toujours plus au
sud on le retrouve en lingala qui le tiendrait lui-même du
portugais. Il s'agirait du terme portugais paõ , bantouisé
par un préfixe ma- (L.BOUQUIAUX, com.pers.). Il semble que
dans ce cas les langues véhiculaires ont joué un rôle d'intermédiaire, de vecteur. La chaine, d'ailleurs peut-être incom-
plète, serait la suivante :

portugais ------ lingala ---- sango ---- langues tchadiennes
Angola   ----Congo/Zaïre --- E.C.A ------ TCHAD

Deux des termes communs au toumaket au barma connaissent
une large distribution. Il s'agit de "mille" et de "cent" :

	CENT	MILLE	
1. LANGUES TCHADIQUES			
- tumak	àrū	dūbú	
- tobanga	ärü? (1)		(2)
- kanakuru	árù		
hausa	ɗàrī (3)	dúbú:	(4)

---

(1) le tobanga est une langue à quatre registres phonétiques.
Le tréma indique le ton ponctuel le plus bas.

(2) une case vide indique que notre documentation est lacunaire
ou que le terme utilisé ne peut pas se rapprocher de ceux
qui nous intéressent

(3) rapprochement hasardeux

(4) le hausa utilise aussi álìf et zámbàr.

	CENT	MILLE	
2. LANGUES SARA			
– ɓarma (Goundi	àrū	dūbú	
– ɓarma (Bousso 1)	àrū	dūbú	
– ɓarma (Bousso 2)	haru	dubu	
– mbay de Moïssala		dūbé	
– kenga d'Ab-Tuyur	kārō	dùpū	(5)

On peut se demander si le ɓarma, langue véhiculaire du royaume baguirmien, n'a pas joué, pendant plusieurs siècles (XVIème – début du XXème), un role d'intermédiaire semblable à celui que nous venons de prêter au lingala et au sango.

En raison de ces échanges (souvent des affrontements) avec le Bornou, les Foulbé de l'Adamawa, la route des caravanes tran-sahariennes (Bilma) le Ouadaï et le Soudan (par Rabah), Massénya était en contact avec de nombreuses réalités sociales nouvelles dans cette zone de l'Afrique. Avec ces réalités pouvaient venir de nouveaux mots qui ont pu être diffusés par le ɓarma dans toute la zone d'influence du royaume.

Cela pourrait expliquer en partie la relative uniformité des innovations lexicales par emprunt constatée dans plusieurs langues du Tchad et pour certains domaines sémantiques, à l'occasion d'un travail collectif réalisé en 1975-1976 : "Contacts de cultures et création lexicale à partir d'emprunts à l'arabe et au français dans les langues du Tchad" (CAPRILE et DECOBERT : 1976.

Cela expliquerait non seulement cette relative uniformité des créations lexicales, mais également la diversité d'origine des emprunts, dans la mesure où cette origine est connue.

---

(5) les termes kenga ont té recueillis par D. SAXON

Nous espérons avoir ainsi mis à jour un des circuits
que suivent les "mots voyageurs". Il n'est certainement
pas le seul. La section 7 "Sociolinguistique, contacts de
langues et français régionaux" continuera à travailler
dans ce sens, car ainsi que nous l'avions dit en 1976 :
"Dans le domaine historique, l'emprunt est un témoin privi-
légié des courants d'échanges entre cultures. Les emprunts
d'origine autre que le français et l'arabe pourront apporter des renseignements inestimables sur l'histoire de l'-
Afrique, au même titre que l'archéologie et la tradition
orale, d'un type différent de ceux fournis par la méthode
comparative en linguistique" (CAPRILE et DECOBERT : 1977,
p. 610).

FRANÇAIS	Tumak	ɓarma Goundi	ɓarma Bousso I	ɓarma Ndjaména	ɓarma Bousso II
ADJOINT (d'un chef)	pàjā̄,m.	pàjā̄	pācà (chef de guerre, esclave?)		paja
AIGUILLE en bois	màyīlà,m.	májlā̄	bī:ldī		
AIGUILLE en fer	líɓrà,m.	líɓrà	líɓrà		libre
ALCOOL	árgì	árgè	árgè		
ANE	kɔ̀rā̄,m.	kɔ̀rō̄	k(ə)rɔ̀:		kuro
ARC/FLECHE	kē̄ské,m.	késé	kɛ̄sé	kē̄sé	kɛsɛ
BAGUE	kʊ̀lə̄m,f.	kʊ̀lə̄m	kʊ̀lʊ̀m		
BALAPHON	kúndū̄,f.	kúndū̄	kúndų́		
BATON (canne gourdin, matraque	sélàŋ,m.	célàŋ	cī̄làŋ		cilaŋ
BEURRE	pə̄lā̄,m.	pə̄lā̄	p(é)lá		pula
BIERE DE MIL	bílbìl	bílbìl	bílbìl		
BLEU/VERT	kàtàrpō̄	kàtàrpō̄	kàtàrpō̄		kàtàrpó
BRIQUE	dìrŋə̄l,f.	dèrŋə̄l	drèŋgē̄l		
CALEBASSE sp.	sàbrà, f.	sàbrà	sàbrà		kád-sàbrà
CANARD	ndā̄bá, f.	ndā̄bá	ndā̄bá		ndab(a)
CAPITAINE Lates Niloticus	kàrɓɔ̀, m.	kàrɓɔ̀	kàrɓɔ̀	karbo	
CELIBATAIRE (jeune,mâle)	jō̄ryō̄	jō̄ryō̄	jō̄rīyō̄		jórió
CENT	àrū̄	àrū̄	àrū̄		hàrū̄
CHAMEAU	lɔ̀gmà, f.	jámbàl	lʊ̀gmà		lʊ̀gmà
CHAPEAU	jā̄gā̄w, f.	njō̄gō̄	jā̄gwā̄	jagwa	
CHARBON charbon(de bois	gū̄lə́m, m.	kúl		kúl	kul

FRANÇAIS	Tumak	ɓarma Goundi	ɓarma Bousso I	ɓarma Ndjaména	ɓarma Bousso II
CHASSEUR	gáw, m.	gáw	gáw	gaw	
CHEF sp. (vassal)	àlīpà, m.	àlīfà	àlìfà		
CHEVAL	hə̄ə̀n, m.	séndá	síndá	séndá	sinda
CIRCONCISION	kàjā	kàsīyā	kàsyā		kasia
CIRCONCISEUR	wànjàmí	wànjàmí	wànjàmí		
COMPTER	mbō̄j	mbō̄j			mbɔj
COURS D'EAU	bā, m.	bā	bā:	bā:	ba
COUTUME	hárà, m.	ádà	hádá		ir (=racine)
COUVERTURE (de selle)	pàráàj,m.	pàráàj			
CROCODILE	màrà, m.	màrà	màrà	màr	mara
DATTE	túmbə̀r,f.	túmbə̀r	tumur		
DEMON	sàdā̄n, m.	sàdā̄n	sètán		
ENNEMI	mā̄skā̄r,m.	mā̄skā̄r			
EPEE	kàskàr,f.	kàskàr			kaskar
EVENTAIL (chasse-mouches)	ndàbà, m.	ndàbà	ndàpà	pā̄ŋgā	ndab(a)
FIL DE FER	sélə̀g, m.	sélə̀g			
FORT (être..	ŋgá/ðj	ŋgá	ŋgá		ŋga
FOUET (sp.	àblà, m.	màràw	mīràw-àblàk		
FOURREAU	sā̄bā̄, m.	sā̄bā̄	cā̄pā̄		
GIRAFE	kùrlð, f.	kòrlð	kòrlð		korlo
GOURDE (calebasse)	kùgrí/kúgə̀ə́m m.	kūgrū	kūrgū		
HAMEÇON	kùwī, m.	kùwī	kùyù	jàmbát	kwi
HARICOT	jì, m.	mùnjì	mðjð		monjo
HOUE sp.	kūrōm, f.	kūrōm		k(ə)rom	

FRANÇAIS	Tumak :	ɓarma Goundi	ɓarma Bousso I	ɓarma Ndjaména	ɓarma Bousso II
JOUR	njā̰, m.	njā̰	njā̰:	njā̰:	nja
KARITE	tābér, f.	tábér	tábúr		tabur
KOLA	górò, m.	górò	góró		
LONG	jàm-íl	jàm	jàm		jām
MANIOC	ŋgàlì, m.	ŋgàlì	ŋgàlì		ŋgali
METIER à TISSER	sāgá	cāgá	cāká		caka
MILLE	dūbú	dūbú	dūbú		dubu
MILLE PATTES	kùléèl,f.	kùlúlū	kùlùl(ù)		
MORS	àljām, m.	àljām		aljam	
NAGER	ŋgál	ŋgál	ŋgàlà		ŋgal(a)
NATRON	ŋgéèl, m.	ŋgéèl	ŋgél		ŋgal
NATTE sp.	ràgà, m.	ràgà	ràgà	ràgà	ràgà
OR (métal)	dínàr, f.	dínàr	dínàr		dinar
PATATE DOUCE	bāŋgàw,m.	bāŋgàw	bàŋgàw		baŋgaw
PEAU	dāɽ, f. hū:m, f.	ndārá	ndārá		ndar(a)
POU	ŋgérsā,f.	ŋgérsā	ŋgérsā		ŋgirsa
POULE	kéɲ , f.	kāɲjá	kīnjá	kīnjá	kinja
PRIER	ndōy	ndōy	sálá		sala
PYTHON	má:w, m.		māw		
REMEDE	kùrgēn	dáwā	kùrgún	kùrkūn	kurgum
ROI	mbàŋ, m.	mbàŋ	mbàŋ	mbàŋ	mbaŋ
RONIER	géw, f.	kèw	kèw		kew
SACRIFICE	sádgà	sádágà	sádágà		
SEL	kàāg, m.	kāás	kàs		kàs
SI	jò	jò	cá		jō/to

FRANÇAIS	Tumak	ɓarma Goundi	ɓarma Bousso I	ɓarma Ndjaména	ɓarma Bousso II
SOLDAT	áskàr, m.	áskàr		áskàr	
SUCRE	sógàr, m.	súkàr	sukar		
TISSER	kój-sāgá	kòjō-cāgá	kùɤò-cāká		kujo
TOURTERELLE	dō:r, f.	dé:r	dér		dɛr(ɛ)
TOUT	péd	péd	pét		pɛt
TURBAN	kàdmūl	kàdmūl	kàdàm		
VERT	cf.BLEU				
VIE (=monde)	dúɲɲà, f.	dúɲɲà			dunia
VOULOIR	gè	gè		gè	gɛy

BIBLIOGRAPHIE

—:—:—:—:—:—:—:—:—:—

BRUNACHE P. 1894   Le centre de l'Afrique. Autour du Tchad, Ed. F. Alcan, Paris, 340 p., in-4

CAPRILE J.P. 1975   Lexique toumak-français (Tchad) Verlag von Dietrich Reimer, Berlin, 137 p., 3 cartes

CAPRILE J.P. 1977   A travers le pays toumak avec Gustav Nachtigal, in : Gedenkschsift Gustav Nachtigal 1874-1974, Veröffentlichungen aus dem Übersee - Museum Bremen, Reihe C, Band 1, (Deutsche Geographische Blätter, N.F. Band 1), Bremen, im Selbstverlag des Musums

CAPRILE J.P.   Documents recueillis sur divers parlers baguirmiens, non publiés

CAPRILE J.P.   et   Contacts de cultures et création lexi-
DECOBERT C.   1977   cale à partir d'emprunts à l'arabe et
                         au français dans les langues du Tchad
                         (en collaboration avec S. RUELLAND,
                         F. LAFARGE, P. BOUNY, P. BOYELDIEU,
                         F. JOUANNET), in : Les relations entre
                         les langues négro-africaines et   la
                         langue française, C.IIL.F., Paris,
                         pp. 576-613, 2 cartes

HAUDRICOURT A.G. 1942 Ce que peuvent nous apprendre les mots
                      voyageurs, in : Mélanges d'Histoire
                      Sociale, Paris, I, pp.25-30

JUNGRAITHMAYR H. et   Classification des langues de la
SHIMIZU K.   famille tchadique, en préparation

KRAFT C.H. et 1973 Hausa, Teach Yourself Books, St Paul's
KIRK-GREENE A.   House, Londres, 394 p.

MAISTRE C.   1895   A travers l'Afrique Centrale. Du Congo
                      au Niger (1892-1893), Paris, Hachette
                      302 p., in-8

MAQUET E., KAKE I.B, Histoire de l'Afrique Centrale des
SURET-CANALE   1971 origines au milieu du 20ème siècle,
                      Présence Africaine, Paris, 257 p.

NACHTIGAL G.   1889 Sahara und Sudan, volume 2, Berlin

NEWMAN P.   1974 The Kanakuru Language, West African
                      Language Monograph 9, Inst. of Modern
                      English Language Studies of the Uni-
                      versity of Leeds, in association with
                      the West African Linguistic Society,
                      139 p.

SAXON D.   1976 Projet d'utilisation des études
                      linguistiques à des fins historiques
                      dans la vallée du Chari, in LACITO,
                      Bulletin de liaison du LP 3.121 du
                      C.N.R.S., Ivry

SAXON D. sous presse Un questionnaire linguistique à but
                      historique, in : LACITO (Bulletin
                      d'information du LP 3.121 du CNRS,
                      Ivry

SAXON D.   Documents recueillis sur les langues
                      barma de Bousso, kenga de Ab-Touyour
                      et bulala de Yao, non publiés

Suzanne Ruelland

LE TUPURI (LANGUE ADAMAWA) ET LES LANGUES
TCHADIQUES VOISINES: COMPARAISON LEXICALE

Les quelques résultats que nous donnons ici sur les
travaux en cours , s'inscrivent dans le cadre plus large
des études sur les contacts de langues , dont on pourra
consulter par ailleurs d'autres aspects . (1) Ce travail
s'insère dans le cadre des recherches entreprises par
la section 7 , de l'EP 3 121 du C.N.R.S. : "Socio -
linguistique , contacts de langues et français régionaux . "

I.1.

La langue tupuri , est une langue Adamawa Eastern
parlée au Sud -Ouest du Tchad et au Nord du Cameroun,(2)
C'est la variété dialectale du tupuri parlée dans la
région de la sous-préfecture de Fianga , Mayo-Kebbi, Tchad
qui nous concerne présentement . Les Tupuri ont pour
voisins immédiats à l'Est , les Kéra , au Nord les Massa ,
et au Sud-Est les Moussey , tous locuteurs de langues
tchadiques . Au sud-ouest ils ont pour voisins les Mundang
dont la langue est également du groupe Adamawa et à l'ouest
en territoire Camerounais , de nombreux villages ont une
population mixte tupuri/ peul .

Le contact entre les Kéra , Massa et Tupuri est
relativement étroit dans cette région du Mayo-Kebbi ,
tant par leur position géographique que par leur participation

à un complexe culturel proche . (3) Les mariages inter-
ethniques sont fréquents . Par ailleurs l'initiation et
certaines pratiques religieuses et sociales (les "cures
de lait " ou gurna) leur sont communes . Bienque les
langues soient différentes , il serait souvent difficile
pour l'ethnographe de distinguer les traits pertinents à
l'une ou à l'autre communauté , dès que l'on aborde les
structures sociales , les pratiques religieuses et les
techniques . Les marchés des villages aux alentour de
la sous -préfécture attirent aussi bien les Tupuri
que leurs voisins Kéra et Massa .

I . 2.

Lorsqu'en 1976 , K. EBERT publiait son lexique
kéra[4] nous fûmes étonnée de constater qu'environ 200
termes , soit 10 % du lexique) auraient pu passer pour
des termes tupuri . Certains des termes communs aux
deux langues pouvaient certes être identifiès comme
emprunts à une langue tierce , cela en vertu soit de la
structure syllabique peu conforme à la langue , soit du
schéme tonal ou encore de l'harmonie vocalique . La
grande majorité des termes présentait cependant une
forme parfaitement caractéristique du tupuri . Il fut
décidé dans le cadre des accords avec l'equipe du
professeur H. JUNGRAITHMAYR , de tenter d'identifier
l'origine des termes de la liste commune en les comparant
d'une part avec les autres langues tchadiques , d'autre
part avec les langues du groupe Adamawa .

K. EBERT vérifia la liste commune avec le
Kwang . Nous tenons ici à remercier S. PLATIEL qui
reprit toute la liste pour le moussey , M. SACHNINE aui
la reprit pour le Lamé , langue tchadique du Cameroun.

R. BOYD , dont nous avions en main la publication sur
les langues du groupe Adamawa parlées au Cameroun nous
a consacré son temps pour reprendre des termes non inclus
dans sa publication . Nous devons également un "grand
merci " à l'étudiant mundang P. DAGOU qui vérifia toute
la liste des termes en notre compagnie .

Certains des termes ont pu être identifiés comme
emprunts soit au peul , soit au massa , soit encore à
l'arabe . Il s'agit en particulier des termes que nous
avions déja recensés somme étant des emprunts en tupuri et
que nous retrouvames par la suite dans le lexique kéra . Nous
sommes redevables pour les nombreuses notes sur ces langues
au regretté P.F. LACROIX , à l'étudiant massa Yaya
TOUAIDANDZI , et à notre collègue arabisant C. DECOBERT .

Très vite il s'avéra que l'hétérogénéité des
lexiques disponibles ne nous permettait pas de couvrir
l'ensemble des termes de la liste . Hormis le mundang
dont tous les termes furent vérifiés en raison de la
présence du locuteur de la langue , il s'avéra que la
moitié , parfois moins des termes seulement purent être
vérifiés : 147 pour le Lamé , 112 pour le Moussey ,
42 seulement pour les langues du groupe Adamawa .

Nous avons dans un premier temps relevé les
termes qui sont des emprunts probables à des langues
tierces . Nous tentons ensuite d'analyser et de classer
les termes communs aux groupes de langues parlées dans
le Mayo-kebbi .

II.1 Environ 18 % des termes de la liste ont pu être identifiès comme des emprunts à des langues tierces . La majorité semble empruntée au peul , ou bien à une autre langue mais par l'intermédiaire du peul . Il nous a semblé interessant d'en donner ici une liste exhaustive pour les langues entrevues .

Français	Alcool	natron	couverture	sorgho sp.
Kera	árgè	bī̄lmì	bòrgó	bòrgóy
Tupuri	?árgī	bìlmī̈	bɔ̈̄rgɔ̄	bɔ̀rgwáy
Mundang			bargɔ	
Adamawa			-	
Moussey	?erege.na		—	
Massa	argina	bilmi.na	borgu.na	borgway.da
Lamé				
Peul			borgo	borgu
Arabe	?arki			
Kanuri		+		
Hausa			bargoo	

Français	Campement	prison	préparer la sauce	obligatoire-ment
Kera	bə̌rgì	dàŋgáy	dèfé	dǒolè
Tupuri	bärgë	dä̈ŋgāy	dɛ̀f	dɔ̃ɔlɛ̄
Mundang	bariki	daŋgay		dɔlɛ
Adamawa				
Moussey			daf	
Massa		daŋgay·ta		
Lamé		daŋgay		
Peul	bariki	dangay	defe	dole
Arabe				
Kanuri				
Hausa	baariki			
Anglais	barracks			

Français	pagne	porc	bouteille	justice (jugement)
Kéra	fártá	gādūrū	gèsásī	kéetí
Tupuri	fárdä	gàdù:rü	gc̈öáöä	kīidā
Mundang				kita
Moussey				
Massa	fardi.na	gadur.na	gəsas.na	kiidida
Lamé				
Peul	-	gaduuru	-	kiita
Arabe	farda	gaduu	'gazzas	
Kanuri		gadu		
Hausa				

Français	cent	sel	sorgho sp.	épée
Kéra	kēsī	mántá	māskōrē	mécēlām
Tupuri	kísí	māndā	mùsùgwàarë	mùsàlàm
Mundang				masəlam
Moussey	kis			
Massa	kis	mandi.na		
Lamé	kis			
Peul	-	manda	muskwaari	
Arabe				s-l-m
Kanuri		+		
Kwang	kis			

Français	coton	Moustiquaire	argent	pièce de 5 Fr
Kéra	a.màalèwà	séŋgé	sōlóy	súŋgù
Tupuri	mbáräw	sēŋgē	sùlāy	súŋü
Mundang	mbəraw			
Moussey	barao.ra			
Massa		seŋgi.na	sulay.na	suŋgu.da
Lamé	mbəraw		suley	suŋgu
Peul			suley	sunku
Arabe		saŋge		
Kanuri				
Hausa			suule	sunku/o
Anglais			shilling	

Français	marché	pou	peul	kola	chat
Kéra	ā.lúmā	ténté	pāldà	gòorò	bāadù
Tupuri	lūmō	tēndɛ̄	pládā	göorō	bäädü
Mundang	luma	tandi	-	goro	
Moussey				goro.na	batu.na
Massa	loomo.da	-	-	goorii.ta	faatu
Lamé	lumu	-	-	goro	
Peul	luumo	tenɗi	-	gooro	fatuuru
Kanuri			+		fatu
Hausa		-	-	gooroo	

Notons que des villages au Cameroun ayant une population mixte Peul / Tupuri , certains des termes ont pu
être directement empruntés par les Tupuri aux Peuls .
P.F. LACROIX fit remarquer que deux des termes ,
qui ne sont pas d'origine peule, ont été empruntés par
voie des peuls , que ce soit directement à ces derniers où
par l'intermédiaire encore d'une langue autre . Il s'agit
de gaduuru : porc , et de muskwaare , dont les suffixes
confirment le passage par le peul. La forme que prend
le terme "argent " , suley en peul confirme également le
passage par cette langue . Le terme daŋgay : prison n'est
pas selon P. F. LACROIX un terme peul . Il est inconnu à
Yola . Nous sommes également redevable à P. F. LACROIX
l'interpretation donnée à musalam : " èpée " . Il
s'agirait d'une forme dérivée du participe actif du
verbe mu.salim : " (ce) qui tranche habituellement .

Quelques termes sont facilement identifiables comme
des emprunts au français .

	Kéra	Tupuri	
coupe-coupe	kúbkúbì	kúpkūbǐ	
Pousse-pousse	pūspúsì	púspüs	(désignant une charette)
impôt	łāmpā	lɔ̈mbɔ̄	

On peut hésiter à classer les termes "savon " et
" soldat " parmi les emprunts au français , étant donnée
la forme sous laquelle ils sont attestés :

	Kéra	Tupuri	Hausa	Anglais
savon	sàbúl	säbúlï	saabuluu	soap
soldat	sòodòŋ	sɔɔdë̆	?	soldier

Un terme a pu être identifié comme provenant d'une
langue sara . Il s'agit de la harpe à six cordes
gundi , à la fois en kéra et tupuri . Il existe
comme on le verra présentement d'autres termes pour
désigner le même instrument de musique .

II .2 .

Comme nous l'avons signalé , autour de la
sous-préfecture de Fianga , Kéra , Tupuri et Massa
se cotoient , soit que les villages aient une population
mixte , soit que les marchés attirent les paysans qui
ont fini par emprunter certaines institutions entre
eux . Certains termes tupuri et kéra ont été
manifestement empruntés aux Massa , ce que confirme
la présence d'un suffixe -na dans les emprunts .

	kéra	tupuri	massa	moussey
"harpe "	dìlnà	dìlnä	dilna	didiliŋ.ga
"esprit se manifestant par la possession . "	hòynà	hwägynä	hwaᶐyna	
" esprit possedant les femmes"	sàwsàwnā	sèwnä	zawzawna	

Notons également que les trois populations ont le même terme pour désigner l'initiation :

kéra   tupuri   massa

gūná ʒāy   gɔ́nɔ́ gáy   gunɔgay.da

Nous savons peu de choses sur l'initiation , mais il semble que les trois ethnies aient les mêmes maîtres initiatiques . L'initiation tupuri et kéra se passe d'ailleurs à Molfodey , en territoir massa au Cameroun . Concernant le terme lui même , P.F. LACROIX nous avait signalé : " Sans doute un mot qui évoque le passage , l'initiation . Les Fulbe de l'Adamawa appellent goona /goono , la danse et le chant des nouveaux circoncis rentrant à leur demeure . "

Un autre terme désignant l'initiation , se retrouve chez les Massa . Il s'agit du kéra : lébé et du tupuri "lëḇē . En massa il semble que labana (á Bongor) , lebena (à Molfoday) soit un nom d'une " déesse " .

> J. GUILLARD écrit : " L'initiation serait relati-
> vement récente chez les Toupouri . Son origine
> serait Massa ou peut-être même à rechercher chez
> les groupes plus au sud (Laka et Sara) ; en effet
> la même langue secrète est parlée par des initiés
> Massa et Toupouri , le terme de Labi ou Laba de
> plus en plus employé désigne également l'initiation
> chez les Massa , les Laka , les Sara et même d'autres
> groupes plus au sud (Baya)[5].

Le même auteur signale l'emprunt chez les Massa de la"cure de lait ". Le terme tupuri et kéra , peu conforme à l'harmonie vocalique dans ces deux langues est gurna . Selon J. GUILLARD et I. de GARINE , le terme massa est "gourou ", plus spécifiquement " gourou lueyna " , ou gourou des vaches (6) . Nos informateurs tupuri nous ont signalé que le plus souvent les Kéra empruntent leurs chants de gurna aux Tupuri . En tupuri le terme gürnā , peut désigner à la fois l'institution et le pratiquant du gurna . Ce dernier se dit en massa : gourou.na (7).

Si comme nous venons de la voir , le sens des emprunts précédents est clair , il reste une série de termes communs aux trois ethnies dont l'origine ne peut encore être précisé .

	Kéra	tupuri	massa	moussey
jaune	ā.bòfì	búfbúfï	bufu	bubunuf
" bouteille verre de lunettes "	á.dòndólòŋ	dȫŋdōlȫŋ	doŋgloŋŋa	
" perle , collier "	ā. kóm	kɔ̄mā	kɔmma	
" oignon "	à.témè	tɛ̄mɛ̄	teme.da	
" sac , sp."	bùgú	bùgū	bugu.na	
" peigne "	cōrōkï	cɔ̀rɔ̀gä	tšɔrik.ŋä	
" sorgho sp."	dōŋlōŋ	dȍŋlȍŋ	doŋloŋ.ŋa	
" bélier , mobylette "	gàmlà "	gämlä̈ "	gamli.na "	gamla.na _
" bonnet "	jùgú	jùgú	jugu.ta	
" baobab "	kóŋkóŋ	kȫŋkȫŋ	koŋki.na	kongi.na
" mundang "	màrhày	mbàrhä̈y	marhay.na	

Le terme tupuri bärkāgē désignant un esprit des eaux
est très certainement un emprunt au kéra ou le même
concept est désigné sous les termes bàr kān : père des
eaux . On le retrouve d'ailleurs en Massa sous la forme :
barki.na .

Sans doute un examen plus détaillé du massa permettrait
il de déceler d'autres termes communs à ces trois langues
dont les locuteurs se cotoient dans tout la région au Nord
de la sous-préfecture de Fianga .

II . 3

Nombre de termes communs aux kéra et au tupuri
témoignent de l'échange quotidien entre les deux sociétés .
Le plus souvent il est difficile de déterminer l'origine
du terme . Parfois le terme est attesté en Moussey sans que
pour cela nous puissions assurer qu'il s'agit là d'un terme
tchadique . Nombreux termes désignent des objets qui ont pu
être empruntés à une culture tierce .

	Kéra	Tupuri
"tambour, sp."	dèmàl	tïmbäl
"grigri , amulette"	gàn	gânë
" labret "	gàwlăɳ	gäwlăɳ (Moussey : tusu.na)
" fourche servant de siege "	gùɗbúl	gùɗübülí
"bracelet en bois "	kāakērāy	kräy
"chapeau "	kāɳkēlāɳ	klàɳ

	Kéra	Tupuri
"pipe "	kólóɲ	klɔ̄ɲ	(Moussey : koloɲ.ga)

"cuivre , or bracelet en cuivre "	māawāy	màwày

" aiguille "	pāadāl	pà?dälë̄	(en Mundang batæl)

"tambour du chef "	tìtīr	tìtìrí̄

" petite fau- cille "	yákórdē	bìkɔrdɔ̀	(peut-être du Peul ?)

On trouve également des lieux , des plantes , des animaux .

	Kéra	Tupuri
"âne "	ā.gēr̄hɛ́	gɛ̌rhɛ̄ɛ̱
"chameau "	jɔ̄ɲ jɔ̄ɲ	máajɔ̄ɲjɔ̄ɲ
"brousse"	māská	mbàsgä
"Grewia mollis "	tītīgá	tìktígà	(Cette plante est importante dans les fêtes tupuri du poulet à ᴰoré.
"kapokier "	mɛ̱̄yā	mùɲàa	(Moussey: meera)

L'interpénétration des croyances peut être attesté par des termes designant soit des relations sociales soit un statut particulier :

	Kéra	Tupuri
" s'il vous plait "	kāmkám	kāmkām
" salutation " merci "	sūsé?	sūsē̄?
" l'initié"	páy	pāy
" femme divorcée "	māswāɲ	mùswàɲ
adultére de femme	mēsēw	mēsë̄w	(Chez les Tupurí, désigne aussi le sacrifice suite à l'adultëre .)
" sorcellerie "	kēlɛ́ɲ	krëɲ

II. 4.

Le sens de l'emprunt peut parfois être précisé .
K. EBERT signale l'influence du tupuri dans les variétés
occidentales du kéra où on trouve une tendance à utiliser
le terme tupuri läȳ : aussi au lieu du kéra gem .
De même nous signale - elle , la présence de la copule
tupuri dìɲ , (forme kéra teɲ) inconnue par ailleurs en
kéra .

Inversement la variété dialectale tupuri parlée
dans la région de l'Est , est probablement influencée par
le kéra . Nous y trouvons , pour désigner le "coeur"
tōōlā à Forkumay , tōōnē à Tikem , villages en contact
avec les Kéra qui disent toona . Par contre dans la
région à l'Ouest de Fianga , ces termes sont inconnus ,
on ne connait que le terme píílí .

Ces irrégularités par rapport à la langue réceptrice
sont facilement décelables , puisqu'elles ne concernent que
la frange de locuteurs en rapport avec l'autre langue.

D'autres termes sont reconnaissables comme emprunt
en raison de leur forme "étrangère " à la langue réceptrice,
même si leur usage est répandu .

En kéra le terme travail jòɲré , est probablement
pris au tupuri qui forme des nominaux avec le suffixe
-re ; soit jɔɲ. radical de travailler et jȫɲ.rē : le
travail .

Sans doute les plus intéressants sur la plan
lexical sont les termes qui permettent par l'emprunt
le raffinement de la langue en évitant la polysémie .

Le terme générique pour houe en tupuri est sɔŋ .
Une houe spéciale , utilisée dans les régions sablonneuses
se dit kégāy , ou gáȳ .   Le terme kéra pour houe
est   singulier : á.gày , pluriel   kégày .

Les langues de l'Adamawa ont un seul terme pour
désigner á la fois l'aile et la plume : tā̰a̰, ta̰i ,
ta̰ḛ , tḛ . En Moundang on retrouve   tèŋ . Le tupuri
a également   tā̰y pour désigner " plume " , mais désigne l'aile
par le terme   gràŋ . Le terme kéra pour aile est gèràŋ .
On retrouve le terme chez les Moussey :   garan.ga .

R. BOYD   donne   sol , pour le cou dans les langues
Adamawa . Le tupuri a le terme : sò:lḛ̄   , tandis que
le terme   gɔ̃rḛ̄ / gɔ̄ɔ̄r̄   désigne une partie de la nuque .
Peut-être un emprunt à du tchadique ?   En kéra le cou
se dit kur   , en Kwaŋ : kor

En Kéra ā̰.dìidà̰ , pluriel : kǎ̰adḭidḛ̀   désigne la
grand-mére . En tupuri le terme grand-mère se dit kàa .
Mais on trouve le terme kàadḭdǐ pour désigner l'arrière
grand-mère . Peut être se trouve t-on ici en présence
d'un emprunt avec glissement sémentique facilement explica-
ble en raison des mariages inter-ethniques .

On   peut se hasarder à postuler un emprunt au
tupuri pour des termes qui dans la langue kéra forment
des doublets comme pour certains "positionnels "

	kéra	tupuri
"vivant , en marche "	cāw	cāw
" assis "	jè?ì	yè?ё̈ / jè?ё̈ à Tikem

Ajoutons le cas des verbes " se lever " fé en Kéra ,
?ùr en tupuri trouvé ailleurs chez les langues Adamawa et dont
les formes collectives dans les deux langues sont : pítí(pét)
et pùt en tupuri .

II. 5 .

Plus déroutante est la grande majorité des termes de la liste commune aux deux langues et dont rien ne permettait au départ de supposer un emprunt . Les recherches pour l'instant afin d'en déterminer l'origine sont peu concluantes . On ne peut que constater que ces termes , qui ne recouvrent pas d'ailleurs toujours des "objets " ou concepts " susceptibles d'être empruntés ,forment une aire commune aux deux langues . Parmi ces termes on trouve des termes appartement aussi bien aux catégories des nominaux qu'aux adverbes , aux verbes , aux conjoñc- tions , On trouve même une modalité verbale .

Entre autres verbes on trouve :

Kéra	Tupuri		
bàawè	bàw	"terrasser"	
bìirì	bìr	" ranimer , ressusciter "	
bùusí	bùs	" divorcer , répudier "	(Moussey : bus)
ɓélé/ɓál	ɓàl	" clouer , enfoncer "	
dè?é/dò?é	dò?	" allumer "	(Moussey : da?a)
ɗígí	ɗìk	" penser ,réfléchir "	
gèyè/gày	gày	" fatiguer "	
háté	hàt	" enseigner , apprendre "	(Moussey: hat)
kélé/ kàl	kàl	" entrer " (Moussey : kal)	
túfí	tùf	" cracher " (Moussey : ɦofot)	
lígí	lìk	" avaler " (Moussey : lik)	
sóɓé	sòɓ	" sucer " (Moussey : sop)	
téwé/ táw	tàw	" finir "	
cédé	cèɗ	" tailler " (Moussey : cet)	

Quelques "adjectifs" sont communs

Kéra		Tupuri		
gèlàg	gèlàgì	glàgë	"amer "	(Moussey : gala.ra)
jìbìdì		jïbïdï	" sucré ,sp. "	

Kéra	Tupuri	
bà?ì	bà?ä	"silencieux "
dìblìgì	dìblìgï	" épais "

Enfin quelques conjonctions , adverbes , et autres catégories grammaticales .

Kéra	Tupuri	
ádèyè/ day	dày	" puis , ensuite "
dè	dë	" avec "
bày	bày	" sans " (Mundang : bay)
mē?ī	mè?ë	" un peu " (Moussey : me?u)
hḛ̄:	hḛ̄:	" longtemps "
sāksākī	sàksàgë	" toujours "
pá	pā	" encore "
yā̰ŋ	yà̰ŋ	" modalité du futur "
kāy	kày	" démonstratif " (Adamawa : kay)

II .6

Outre les termes communs au tupuri , kéra et
mousseay que nous avons déja cités , nous avons recensé
quelques termes communs au tupuri et au moussey   non
recensés dans le dictionnaire kéra . Il s'agit des
termes suivants

	tupuri	moussey
" chacal "	b̈oolī	booli.na
" digue pour la pêche "	dàm	da?am.ma
" mil rouge "	gàrä	gaara.na
" notion de répétition " recommencer "	dɔ̀k	dok +verbe
" boire "	jɔ̀	dzo (de la bouillie)

Il apparaît donc que la méthode utilisée, à savoir de
faire circuler une liste commune au kéra et au tupuri pour
d'autres langues tchadiques, n'a de valeur que pour l'identification éventuelle de l'origine des termes de cette
liste.

Cela nous a certes permis de dégager les mots à grande
circulation qui ne sont ni Adamawa ni tchadique et de noter
une forte influence du peul dans la région du Mayo-kebbi. Le
plus souvent la majorité des termes de cette liste reste sans
réponse.

En réalité, comme l'a montré le travail entre tupuri et
moussey, il faudrait non pas partir de cette liste commune
kéra et tupuri, mais travailler de lexique à lexique, les
termes communs à trois langues n'étant pas toujours les mêmes.

Deux orientations de recherche, d'ailleurs complémentaires se dégagent du présent travail : d'une part la tâche
difficile de déterminer l'origine des termes communs à deux
langues voisines, comme le kéra et le tupuri, d'autre part
l'établissement du vocabulaire commun au tupuri et aux autres
langues des populations avec lesquelles les Tupuri sont quo-
tidiennement en contact.

Suzanne RUELLAND
Paris   Marburg
1977

Notes

(1) voir Caprile , J.P. et Decobert C. - " Contacts de
cultures et création lexicale à partir d'emprunts à l'arabe
et au francais dans les langues du Tchad " in Annales de
l'Université du Tchad , N'djamena , 1976 , No 6 . Collo-
que du C.I.L.F. , les relations du francais et des langues
africaines . Dakar , mars 1976 . On pourra trouver dans
cet article la synthèse des travaux entrepris en 1976
par les linguistes de l'Université du Tchad .

(2) La comparaison avec les termes de 1 " Etude comparative
    dans le groupe Adamawa " Paris , SELAF , 1974 ,
    montre que 60 % des termes tupuri du Tchad , corres-
    pondent aux termes établis par R. Boyd .

(3) voir l'avis d'un ethnographe compétent : I. de Garine .-
    " Traditions orales et cultures du Mayo - Kebbi , (Tchad) ".
    Conférence donné à N'djamena , 1974 , INSH , ronéo ,

(4) Ebert , K. - Sprache und tradition der kera (Tschad),
    Teil II : Lexikon / Lexique . Berlin , 1976 , Verlag
    von Dietrich Reimer , 213 pp , Marburgen Studien zur
    Afrika -und Asienkunde , Serie A: Afrika , Band 8 .

(5) Guillard , J. - Golonpoui - Nord-Cameroun . Paris ,
    La Haye , Mouton et Co, 1965 , 502 PP

(6) de Garine , I. - Les Massa du Nord Cameroun · Paris,
    P.U.F. , 1964 , Etudes Ethnographiques pour l'I.I.A. ,250 P

(7) op. cit . pp 202 - 203

DISCUSSION

     Le présent article ayant fait l'objet d'un exposé oral
il nous a semblé interessant de noter les suggestions formulées
par les auditeurs , en particulier par Messieurs Gouffé , spécialiste de Hausa , Jungraithmayr spécialiste des langues
tchadiques et Sauvageot , professeur à Paris III . Monsieur
Tourneux nous apporta quelques renseignements sur la langue
vloum parlée dans la région de Bongor au Nord des Tupuri .

    Les précisions suivantes furent apportées sur les termes
inventoriés :

Sont attestés en Hausa :
   - le terme däŋgáy (II.1 , pg.4) est attesté en hausa
avec le sens d'" enclos "

    - māndā " sel gemme " est aussi attesté au hausa .
    (pg 5)
    - le hausa a un verbe "sucer " so?tsa proche du
      sòɓ.gë tupuri (II.5. pg .14)

    Le terme dêf.gë tupuri pour "préparer la sauce " , qui en
peul signifie "cuire , préparer la nourriture " est éga-
le ment attesté en hausa dafā avec le sens de"cuire". (II.1
pg. 4)
Monsieur Gouffé signale que le terme "moustiquaire " attesté
en hausa serait un terme véhiculé par les "tirailleurs "
emprunté au bambara .cf. " Notes de lexicologie et d'étymologie
soudanaises :I. A propos du nom du "Moustique " et de la "moustiquaire ". in Comptes rendus du G.L.E.C.S. Tome XVI Années 1971-72.
   - Le terme súŋgü " pièce de cinq francs " serait tout
simplement un emprunt au français " cinq " . (pg.5)

    On ne peut déterminer le sens de l'.emprunt de säbúlĩ
" savon " , venant soit d'une langue indo-européenne , soit
par l'intermédiaire de l'arabe
(II.1. pg. 7)

    Plusieurs termes de la liste sont attestés en vloum ,
langue tchadique parlée au nord du tupuri :

sorgho sp.	mùsùgwàarë	(tupuri)	mosoko	(vloum)pg.5
"brousse "	mbàsgä	"	basba	" pg.11
" aile "	gràŋ	"	garaŋ	" pg.13

- Le terme pour kola   göorō   est attesté   dans les langues Gur .

- Parmi les termes   attestés   chez   les   Peul , notons que Christiane Seydou   nous signale que   le terme "pou" tenɗi qui donne l'emprunt   tupuri , est un pluriel .   Par ailleurs le terme   fatuuru (bàádü   en tupuri)   est uniquement employé dans le peul   de l'Adamawa . (pg. 6)

Notons également   l'ambiguité   de l'emprunt   mùsàlàm " épée, sabre "(pg.5)Ce terme   a une forme   typiquement arabe . P.F. Lacroix suggérait un emprunt   par un verbe   ṣallama ﻣُﻀَﻠﻢ "mutiler "   dont le participe actif   en arabe   serait muṣallim "celui qui mutile " . Monsieur Loucel , Maître - assistant d'arabe   à   l'INALCO nous   signale que ce   terme est   archaīque , attesté   dans la poeśie   préislamique . Il faudrait   en conséquence   supposer que   le terme tupuri a été emprunté   à un arabe   local   ayant   gardé   un terme archaīque ou encore   comme le suggère   C.   Seydou , qu'il y ait eu   confu- sion avec ﻣُﺴْﻠِﻢ   " la chose   musulmane "   : ka:fa silamu(hi)   "sabre   d'une   acier   spécial " d'un acier musulman en peul .

Le terme   fárdä   " pagne " (pg. 5)   dont le schéma tonal   est typique   en tupuri   des   emprunts , appelle certains commentaires .   P.F. Lacroix   nous signalait une origine certaine arabe   - " "ceci dit, le mot n'est sans dout pas proprement arabe , mais venu dans les parlers   arabes   de l'est africain par les Portugais ".   Monsieur Loucel   nous signale que   le terme ﻓﺮﺍﺿﻰ   fira:ḍ   est   attesté   dans le dictionnaire classique   avec un sens " habit , vêtement . "

PAULE BOUNY ET FRANCIS JOUANNET

COMPARAISON LEXICALE: KANEMBOU - KOTOKO

Le texte qui suit a pour but de présenter une comparaison
lexicale entre deux langues non apparentées génétiquement:
Le kotoko (langue tchadique, parlée sur les rives du Logone et du
Chari) et le kanembou (langue nilo-saharienne, parlée au nord et
à l'est du Lac Tchad) .

Ce travail succint, n'est de fait qu'un essai tenté pour déterminer si des langues de familles linguistiques différentes, mais
proches sur le plan géographique, peuvent présenter de fortes interférences lexicales, indépendamment des emprunts à d'autres langues
à fonction véhiculaire comme l'arabe, le haoussa, le peul ou encore
(et plus rarement) le sango; parlées dans cette zone de l'Afrique
Centrale .

La méthode utilisée consiste en un rapprochement d'items
qui ont une structure phonétique et un champ sémantique voisins. En
aucun cas, nous ne présenterons de reconstruction de racines communes, ce travail ne pouvant être l'oeuvre que de spécialistes du
domaine génétique . Précisons d'ailleurs, que ce travail est en
cours pour les langues tchadiques mais n'a pas encore été inauguré
pour le domaine nilo-saharien.

L'hypothèse d'une forte interpénétration lexicale nous a été
suggérée par l'histoire des populations situées autour du Lac :
d'une part très au nord (Téda et Daza) d'autre part plus au sud
(Kotoko) relativement à la zone centrale occupée par les Kanembou.

Rappelons que l'empire du Kanem existe depuis le IXème siècle et qu'au XVIème, à la mort du May Idris Alaoma le pieux, les Boudouma des îles du lac et les Kotoko étaient ses vassaux. L'empire avait par ailleurs réussi à maitriser les Toubou et les Touareg de l'Aïr et à refouler les Boulala .(1)

Aux XVIIème et XVIIIème siècles, l'empire du Kanem déclinant, les Arabes s'infiltrèrent en pays kotoko; quant aux Peuls, après avoir vaincu les Haoussa , ils tentèrent de répéter l'histoire avec l'empire du Bornou .

En conséquence, cette région de l'Afrique Centrale à l'histoire fort riche en évènements déterminants, fut d'autant plus troublée qu'elle a toujours constituée une zone de passage favorisant les déplacements des populations. Ce fut en effet une voie privilégiée permettant d'ouvrir le monde noir à la Méditérranée, de relier la Vallée du Nil au Niger. Vers le nord, elle offrait deux grands itinéraires mettant ainsi en relation cette région avec la Lybie et l'Egypte. Quant aux Chari et au Logone qui la traversaient, ils constituèrent une voie de communication privilégiée en direction du sud et un pôle d'attraction pour les ethnies méridionales, de par la richesse de leurs terres alluviales et de leurs ressources piscicoles. (2)

L'inventaire auquel nous nous sommes livrés concernant des langues parlées dans une zone géographique fort propice aux contacts et à l'interpénétration linguistique constituera un travail qui posera une interrogation concernant un certain nombre de lexèmes dont il est difficile d'identifier l'origine avec certitude. La lecture de ce catalogue a pour but, notamment, d'informer les chercheurs travaillant sur les langues voisines .

_____

(1) CUOQ J.M, 1975, Les musulmans en Afrique , Paris, Maisonneuve et Larose, p.275.

(2) LEBEUF, A.M.D, 1969, Les Principautés kotoko, essai sur le caractère sacré de l'autorité , Paris, ed. du Centre National de la Recherche Scientifique .

Un regroupement plus large pourrait être alors tenté dans lequel seraient confrontées les langues tchadiques aux langues non tchadiques périphériques. Cette entreprise est l'un des projets de la section 7 du Laboratoire L.P.3 121. du C.N.R.S : " Sociolinguistique contacts de langues et français régionaux " .

La méthode utilisée a consisté en la détermination d'un lexique commun établi au moyen d'une comparaison systématique de l'ensemble des deux lexiques kanembou et kotoko (comportant environ chacun, 1600 items).

Nous avons volontairement écarté de la liste que nous allons présenter tous les termes dont l'origine est attribuée de façon certaine à l'arabe et au français, ce problème ayant déjà été traité dans le cadre des travaux collectifs de la section 7 . (1)

L'ensemble du lexique commun ainsi constitué (environ 10 % de chacun des lexiques respectifs) a été classé en deux grandes catégories : les emprunts qui pourraient être issus d'un contact économique et les emprunts qui semblent ressortir à un contrat culturel (le second type de contact, résultant en fait du premier).

Puis nous avons opéré une seconde sous-classification, regroupant les emprunts par champs sémantiques dans le cadre des deux grandes catégories présentées ci-dessus.

Les listes élaborées comportent donc les lexèmes qu'il nous a semblé justifié de rapprocher par la forme et par le sens. En outre nous présenterons, d'une part des termes relevés dans des ouvrages que nous avons pu consulter concernant :

- La langue buduma, langue tchadique parlée dans les îles septentrionales du Lac Tchad (2),

- Les langues téda et daza, langues nilo-sahariennes parlées au nord du 13ème parallèle (3)

D'autre part, ces listes seront ainsi complétées par les suggestions faites par les collègues présents lors de notre exposé concernant,soit les formes voisines attestées dans leur propre domaine soit la forme qui semble être à l'origine de l'emprunt.

---

(1) CAPRILE J.P et DECOBERT C.1976, Contacts de cultures et création lexicale à partir d'emprunts à l'arabe et au français dans les langues du Tchad, Conseil International de la Langue Française, Dakar Paris p.576 - 611
(2) Nous faisons référence au lexique du Cap.GAUDICHE, 1938, La langue boudouma, journal de la Société des Africanistes, T.8, fasc.11, p.11-32
(3) cf.LE COEUR Ch.et M. 1955, Grammaire et textes téda-daza, Dakar, mifan n° 16 .

Il convient de préciser les normes de transcription que
nous avons adoptées. Les transcriptions sont phonologiques.

En kanembou

1) L'accent (ex. s'e " paille de blé ") est de fait un ton bas
sous l'accent .

2) La grande quantité de voyelles en kanembou et les difficultés
typographiques nous ont améné à proposer une transcription plus
simple.

Les voyelles du kanembou se répartissent en deux classes que
nous pouvons appeler l'une tendue, l'autre relâchée.

(1) Voyelles tendues   [i, e, ɜ , u, o]
(2) Voyelles relâchées [ɪ, ɛ , ə , a, ʊ, ɔ]

Cette division est imposée par la langue qui utilise cette partition
dans le cadre de l'harmonie vocalique. Ainsi un mot possède soit
des voyelles tendues, soit des voyelles relâchées, mais jamais de
combinaisons entre elles.

kólGi   " arachide "
sɔmála   " larme "

Afin de simplifier le système de transcription nous présentons un
système à six voyelles : [i, e, ə , a, u, o]

Chaque mot sera précédé du signe h ou ∅

h   signifie que les voyelles du mot sont tendues

∅   (ou rien) signifie que les voyelles du mot sont relâchées.

Nous avons les relations suivantes entre voyelles

i – ɪ   a – ɛ   u – ʊ
e – ɛ   o – ɔ

Seule la voyelle ə n'a pas de correspondant .

En kotoko :

Le système prosodique fonctionne en utilisant deux registres pertinents (un haut et un bas).
En outre, toute unité prosodique étant définie comme une unité accentuelle, il existe donc un accent, qui ne peut frapper que la syllabe
finale ou la pénultième .

    Le ton haut sera transcrit   / C V́ /
    Le ton bas sera transcrit   / C V̀ /
    L'accent   "   / C V̍ /

  Sur le plan de la réalisation phonétique :
    un ton bas accentué se réalise bas .
    un ton haut accentué se réalise par une modulation descendante
(présentant un registre bas - très-bas).

    La voyelle centrale transcrite / ə / fonctionne comme telle
sur le plan phonologique, mais est réalisée comme une voyelle postérieure étirée de 2e degré d'aperture [ɤ] .

  Lexique commun kanembou — kotoko
    Sont présentés successivement :

- le numéro du lexème suivi de son signifié
- la réalisation en kanembou
- la réalisation en kotoko
- le sens attesté en kotoko s'il est différent de celui du kanembou.
- dans la colonne où sont présentées les réalisations est noté quand
cela est possible :
      - l'origine de l'emprunt
      - les attestations en d'autres langues
Lire : B. buduma
         d. daza
         K. kanuri
         U. oubanguien
         P. peul
         S. sara
         T. téda
         V. vlum

I. Contacts économiques

1. Agriculture

	Sens		kanembou	kotoko	sens
1	" ail "	h	gàùláí kogolu (D.T)	gàgɔlmóŋ	
2	"arachide"	h	kólɕi kolcɛ (D) kolye (T.)	kójí	
3	"aubergine"		yálá	yàlò	
4	"concombre très amer"	h	gàwúrka	kàbɔrkà	
5	" datte "	h	diʙino (origine : berbère – copte)	dàbìnò	
6	"haricot"		ngálá gaalo (D.T)	kà:ló	
7	"manioc"	h	gàlí	gɔlí	
8	"paille de blé "		sé	sèʔè	" paille "
9	"patate "	h	dàngáli dineli (D.) bano (T.) origine : haoussa	1) dàŋkálí 2) bàŋgáw	
10	" son du mil "		bìná bi:na (vlum – sara)	bì:ná	
11	"Colocasia esculentam aracée " (taro)		gùlʙé	kpʔɔlfí	

2. Ustensiles domestiques

1	"calebasse pour puiser l'eau"	h	jùndú	jàndù	"calebasse sp.musique"
2	"couverture"		bòrkó	bòrkó	

3   " canif "   bìlá   bìlá

                          blla (B.)   "couteau de circon- cision"

3. Techniques   a)   culinaires (C)

                            b)   pharmacopée (P)

                            c)   artisanales et industrielles(A.I.)

C -

1   "bouillie liquide"   mórdòm   mòrdóm

2   " crème "   h fúló   fàlá   " beurre "

             (origine : dénomination des Peuls ?)

3   "graisse fraîche"   h kàìsú   kàysá   "graisse"

             (origine : haoussa" kís?eè)

4   "lait cail- lé "   h ngòí~ngòyí   gògì

5   " natron" (petit mor- ceau de)   fùnàfúnà   fà?à   " natron"

P -

1   "remède médicament"   gùrùúŋ   kùrkúŋ

             (origine : kanuri)

A.I -

1   "brique"   tòrèngel   dòrèngél

2   "case en pot-pot"   h gàrŭ   gàrù

3   "natte"   h bàsí   bùsì

                                   boyi (B.)

4   "tisserand   cékámà   sàgà   "tissage"

4. <u>Animaux domestiques</u>

1   "abeille"   h kàmàám   màmm   "miel "

2   " peau "   karaβí   karàbi

3   " âne "   kùró   g·ro

                    ag r (J.T)   koro (B.)

4   "chat"   h bòdú   bàtù
                           badu (D.T)

5. Animaux de brousse.

1   "écureuil"   h nàrííŋ   kònè:rí

2   "fourmi   kòmàná   sòlèmáná
      noire"

3   "serpent sp" àʙⱱdárà   ʔàbùdáràgʕò

4   "hyène"   h bàllú   ɓògà
                   boltu (K.) ɓoŋ (S.) boŋgo (D.)

6. Comportements sociaux

1   "impôt"   ngàró   ŋkʔàró
           (origine : ka:ro haoussa)

2   "féticheur"   h gàú   gáww   "sorcier
                                          féticheur"

4   "travail"   h cídà   kìɗá
                sⱱda (v.) origine : cida haoussa

II . Contacts culturels

1. Chiffres

1   " sept"   túlúr   tùllúr

2   "trois "   yàkⱭ   gàkkⱭr   "trois fois"
                                ʔàkòrá   " trois"

2. Dénomination ethnique

1   "Arabe"   h sǒó   sòwàrù
                  sua (P;)

2   "Haddad"   dugú – duú   dùkù   " musicien "

3. Parenté

1   "grand-mère" kàá   kaka

2   " mère "   h áyè   ʔìyà

4. <u>Vision du temps, de l'espace et de la matière</u>

1	"chaleur du soleil "		ku	ʔù	"feu"
2	" étoile"	h	sálóu hillogu (B.)	sɔ̀lgɔ̀	
3	"lieu endroit"		nɛ̀	ŋgà	
4	"neuf"(n'a-yant pas ser-vi)		bulím	bɔ̀líŋ	
5	" noir "	h	cilam	sɔ̀lɔ̀m	
6	"village de pêcheur"	h	bárì	bàrí	
7	"semaine"		máú	mák̀ɔ̀	

(origine : ma:ku   haoussa)

8	" sud "	h	ànúm	hàwá	"sud " "haut "

5. <u>Vision de l'homme et de ses comportements</u>

1	"courage"	kɔ̀màr	màgɔ̀rá	
2	"démonstratif"	ádɔ̀	ndà	
3	"rancun ier"	h	daká	dùkʔúm	"rancune "
4	"interdiction"	wádà	wàyà	"interdis!"
5	" femelle "	gùrríi	gɔ̀rɔ̀m	" femme "
6	" gros "	dápà	dὲbbé	" il est gras "
7	"sain"	ŋgà	ŋgà	
8	"force "	dɔ̀ná	dònò	

6. Parties du corps .

1	" gorge "	a) h bàár		
		b) h ŋgòrkúllo	ŋkʔòlìyá	
2	" oeil "	h sàm	sʔ	
		sama (D.)	samo (T.)	
3	"oreille"	sàmà	ɬʔm	
		simi (T.)	humo (B.)	
4	" visage"	fúsà	bùsá	
5	" voix "	kóo	kòkò	
6	" jambe "	dù	mà:dè	
7	" cuisse"	h dàngál	dègbòl	
8	" mollet "	sákál	d ŋgʔl	
			dengel (B.)	
9	" abcés "	h kúdù	kʔùkú	"pus "
10	" boiteux"	h dùngú	dùŋgù	"lépreux"
			gbòlf	"boiteux"
		dono (D.)		

COMMENTAIRES

I.1 Agriculture

Parmi les lexèmes que nous présentons dans cette liste, il en est
qui ont une diffusion très large. Certains sembleraient provenir de
Centre Afrique : il s'agit de l'"arachide " et du " haricot " . Ils
attestent une extension très intéressante à observer puisqu'ils ont été
diffusés jusque dans le Kanem (cf. les réalisations en dæa - téda).

Si l'origine de la " datte " (berbère) et de la " pomme de terre "
(haoussa) est sans ambiguïté; il serait intéressant de déterminer la
provenance des lexèmes désignant le " son du mil ", d'autant plus que nous
trouvons attestées des réalisations proches jusque dans le sud-ouest du
Tchad, (notamment en vlum, langue tchadique et en sara).

I.2. Ustensiles domestiques .

Précisons que le terme touareg de " couverture " a été largement
diffusé et est attesté dans le sud du Tchad (cf. les autres communications).
Il semble que le signifiant commun pour désigner en kanembou " une calebasse pour puiser l'eau " et en kotoko " une calebasse servant d'instrument de
musique " aie pour origine une forme similaire . Une des populations aurait alors emprunté à l'autre le terme à cause de la ressemblance formel-
le entre ces deux objets (et non fonctionnelle).

Le terme désignant le " couteau " ou "canif" présente, lui aussi, une
grande aire de diffusion. Il a parfois le sens restrictif de " couteau de
circoncision ". La langue d'origine semble être toutefois celle d'une population islamisée.

I.3 Techniques .

Il nous a été suggéré que le lexème signifiant " la crème " " le beurre"
serait issu du terme générique désignant l'ethnie peul (fulo) .On peut émet-
tre l'hypothèse que le signifiant de " lait caillé " aurait été emprunté à
une ethnie ayant une activité pastorale et donc caractérisée par ce type
de production. En kotoko, ce lexème sert même à qualifier les Arabes šoa
qui, établis à proximité des villages de pêcheurs utilisent comme source
de revenus la vente de lait . Ils sont ainsi appelés /s way gogi/ " les
arabes lait caillé "qui dénote en soi une perception très péjorative
de cette ethnie par les Kotoko).

Les signifiants / gùrùúm kùrkúŋ / seraient constitués d'une racine kanuri. Celle-ci semble être l'objet d'une grande diffusion puisque ce terme est attesté du nord du lac au sud-ouest du Tchad. On peut
penser que dans ce cas, s'est substitué un terme véhiculaire aux termes
propres à chaque langue (il semble évident que le signifié " remède "
participe du lexique fondamental). Il s'agit vraisemblablement d'un mot
qui s'est imposé à partir des échanges et des contacts qui ont lieu sur
les marchés .

Il nous semble possible d'affirmer que le kotoko et le buduma ont
emprunté au kamenbou le lexème " natte " . Ce procédé artisanal constituant en effet un des procédés parmi les plus caractéristiques de l'en- e
semble des techniques propres à l'ethnie Kanembou.

I.4-5 . Animaux domestiques et de brousse .

Il y a plusieurs lexèmes dans cette liste dont la diffusion serait
intéressante à étudier . La racine de " chat " dont l'aire d'extension
dépasse même le cadre de l'Afrique et la racine de " âne "qui s'étend du
nord du Kanem (cf. attestation en daza-téda) jusqu'en Centre Afrique).

Une autre racine présente la même zone de diffusion : il s'agit de
celle produisant des lexèmes de signifié " hyène " attestée des bords du
Lac à l'Oubangui .

Les lexèmes / kàràBí kàràbì / " peau " nous semblent avoir été
introduits avec la technique du travail du cuir (d'où le champ sémantique attesté, limité à la " peau de l'animal ").Ce qui justifie d'ailleurs
qu'en kotoko, l'introduction de ce terme n'a pas fait disparaitre le lexème du vocabulaire fondamental désignant la " peau humaine " / mòlɓí /
(cas que nous observons en II.6 par exemple, pour les termes concernant
les parties du corps).

I.6 Comportements sociaux .

Nous avons pu constater que certains lexèmes présentés dans cette
liste ont une large diffusion, ainsi les diverses réalisations de la
racine " impôt " sont attestées jusqu'à l'est du Niger, sa forme haoussa
étant / ka:ro /. Son origine semble difficile à déterminer d'autant plus
que nous trouvons réalisée une forme empruntée au français /làmpó / en
kotoko. Par contre le terme désignant le " travail " semble bien être
haoussa .

Il est intéressant de noter que le lexème d'emprunt " sorcier "
est un des seuls qui subsiste   en kotoko dont le signifié se refère
explicitement aux anciennes pratiques animistes.

II. 1   Les chiffres .

Il est intéressant de noter que les racines empruntées désignant
les chiffres sont des racines tchadiques . On peut donc penser que la
diffusion de ces lexèmes s'est opérée en direction du kanembou à partir d'une langue tchadique. Nous émettons l'hypothèse que ces emprunts
encore attestés seraient la subsistance d'un emprunt plus large de la
part du kanembou, de tout le système de numération tchadique.Cet
emprunt aurait eu lieu avant la pénétration musulmane dans cette zone
de l'Afrique Centrale (et serait donc antérieur au XVIème siècle).
Par la suite, les Kanembou en s'islamisant auraient adopté le mode
de numération arabe, le système tchadique ayant été progressivement
abandonné (dont ne subsisteraient actuellement que les deux termes
indiquant " 3 " et " 7 ") .

II. - 2 - 3 - 6   Dénomination ethnique,
arenté et parties du corps .

C'est le lexique commun qui pose le plus de difficultés d'interprétation. Dans la mesure où ces lexèmes appartiennent au vocabulaire
fondamental, il semble injustifié, a priori, qu'il y aie emprunt.
L'hypothèse que nous faisons est que ces mots communs seraient issus d'un
contact fréquent entre ethnies (à partir des marchés le plus probablement) et que se soit formé un lexique fondamental véhiculaire. Celui-ci
a pu, pendant un temps, être en variante libre avec le lexique fondamental de chaque langue, puis la fonction de communication étant comme
toujours essentielle, le lexique fondamental véhiculaire serait resté
le seul utilisé.

Le lexique commun de la parenté (II-3) et des dénominations ethniques (II - 2) semblerait, à notre avis, avoir la même origine .
Notons que les termes de parenté que nous signalons ont une aire d'extension très grande puisque nous retrouvons ces lexèmes au sud-ouest
du Tchad, ainsi d'après la communication de S. RUELLAND nous avons :
    kaadiid   (Kèra) et   Kàa (Tupuri)

Nous constatons d'autre part, que certains emprunts ne recouvrent pas tout à fait le même champ sémantique. En effet, certains signifiés étant construits à partir de points de vue différents. Par exemple le kanembou considère que / dùgú / désigne l'ethnie des " Haddad " , alors que le kotoko définit cette ethnie à partir de sa fonction ("musicien ") (II - 2)

Le non recouvrement d'un même champ sémantique pour des signifiants semblables est aussi attesté en II - 6 pour :

kúdù	kʔùkʔú	" abcès- pus "
dùngú	dùŋgù	" boiteux - lépreux "
dàngèl	dàŋgèl	" cuisse - mollet "

Ce type de phénomène semble bien signaler des emprunts.

II. 4   Vision du temps - espace - matière

La racine du lexème " noir " est une racine tchadique et donc l'hypothèse peut être faite d'une diffusion opérée du kotoko (ou une autre langue tchadique proche) vers le kanembou . Le même sens de diffusion peut être postulé pour le terme qui désigne un " village de pêcheurs ", ce type de village étant créé temporairement sur des îles ou en bordure du fleuve pendant les périodes de pêches.

Pour tous les lexèmes présentés dans cette liste, sauf le terme ayant pour signifié " semaine " dont l'origine est haoussa, une hypothèse quant à la langue source des emprunts semble hasardeuse . Lors de la recherche systématique des emprunts à l'arabe, beaucoup de termes appartenant au champ sémantique que nous étudions présentement ont été inventoriés : citons pour exemple :

	kanembou	kotoko
ciel	sámɛ	sàmé
chose	àwó	wá
est	gìdí	gìdì
ouest	fìà	bùtè
nord	yàlá	kpʔìlá

Il est certain que la cosmogonie de l'Islam a très largement influencé ces populations. Nous pourrions alors faire l'hypothèse de résidus anciens concernant ces lexèmes dont l'origine est obscure (au même titre que le postulat utilisé pour tenter de justifier l'existence de lexèmes de numération

non arabes). Bien entendu les racines n'étant pas dans ce cas tchadiques, il pourrait s'agir d'un substrat kanuri .

II.- 5   Vision de l'homme et de ses comportements

Comme en II - 4 , nous proposerons une analyse en terme de résidus
pour justifier la référence à une cosmogonie non musulmane, et l'apparition d'emprunts dans le cadre de champs sémantiques appartenant au lexique fondamental .

Pour le lexème " femme " il est certain que la racine est tchadique.
En ce qui concerne les autres termes il sera nécessaire d'approfondir les
recherches pour déterminer la langue source, qui est donc en tout état de
cause, ni tchadique, ni arabe. Précisons, qu'à côté de ces termes dont
l'origine est difficilement précisable, beaucoup de lexèmes appartenant au champ sémantique objet de la liste II - 5 proviennent de l'arabe.

Citons pour exemple :

	kanembou	kotoko
vie	dìné	dùnìyá
décision	nè	nìyá
étonnement	áyáBà	?àjjábà
habitude	hàl	háll

Notons un phénomène de métathèse entre   / kà mar / et / màgàrá /
qui est très caractéristique des altérations phonétiques que subissent
les signifiants d'une racine empruntée .

Conclusion

Il est certain que ce travail n'est qu'une esquisse et ne constitue
pour le moment qu'une présentation de matériaux. Cet inventaire devrait
se poursuivre et il serait souhaitable d'aboutir à une systématisation de
la comparaison des listes élaborées (comparaison qui a donc été entreprise
pour la première fois lors de nos séances de travail de septembre 77 à Ivry)

Cette méthode d'approche permettrait, comme l'a suggéré M. HAUDRICOURT,
de dresser des cartes de diffusion lexicale pour cette zone de l'Afrique (1).

_____

(1) Rappelons que nous possèdons un modèle et donc une méthodologie pour
le domaine voltaïque qui a été élaboré par M. MANESSY.

IV. DOCUMENTS

MICHKA SACHNINE

LISTE LEXICALE EN LAMÉ DU CAMEROUN

<u>Langue</u>: <u>lame (vùn dzə̀pàw) parlé au Cameroun</u>

arrow	rīyā
ash	bùt' kú
bark	olè' ʔúgù
beans	tsítsèw
beard	ngə̀są̄ dzīm
beat 1. general	pə́m
2. person	pə́m
3. drums	pé
bee	yā ʔyém
belch	gìɬìʔ
belly	ráw.
bird	rúkò
bite	ʔyét
bitter	bàk
black	rúā
blood	vùrzù
blow (with mouth)	fóʔó
body	tú
bone	úsō
bow	ʔúgù rīyā
breast	pá
brother	ndzùr
buffalo	dùk
build	ré
burn	yíʔí
calabash	tímbì
call	ɗé
camel	
carve	

cat	méryáw
charcoal	úŋòrsú
cheek	gin
chicken	sēkné
child	vày (sg.) ʔúdò (plur.)[1]
come	mbù
cornbin	zə̀nà
cough	ʔóɬó
caw	náw[2]
crocodile	húrūm
dance	ʒàʔà
die	mátá
dig	ƙàr
dog	ʔə̀dà
drink	tsé
duiker	
ear	húm
earth	ʔíɲā
eat	ti (la boule)
	kám (la viande)[3]
	ndzù (l'arachide)
egg	séʔé sēkné
elephant	bàknày
eye	ʔír
faeces	sōɗó
fall	ndè
fat(s)	mbūr
father	bà

1- D'après les reconstructions de H. Jungraithmayr et de
K. Shimizu la racine pour "enfant" est *wl . Pour un premier groupe (B₁) on trouve les proto-formes *wl, *wd; pour
un deuxième (B₅) on trouve *bl devenant h, suivi de -a qui
est la voyelle la plus souvent attestée.En West Chadic (ron)
on a le réflexe hal; en North Bauchi, val et vay. En tobanga,
pour "petit" J.P. Caprile signale wíyé (sg.), widúwáŋ (plur.)

2- Pourrait être un emprunt au fulfuldé.

3- Pour le groupe B₃ la racine *km a été reconstruite; -a
est la voyelle la plus souvent attestée. En tumak, pour manger
la viande ou le poisson sans sauce J.P. Caprile signale kom-.

fields	sīné
fill	ɲèn
finger	ʔúdò ɓá
fire	kú
fish	kīrfé
five	vàɬà
flour	fút
flower	wúlí
fly	rīryāw
follow	ʔám zù
foot	sém
four	fídíʔī
fry	ɬá̰
give	nè
give birth	vràʔà
	ʔyéɬ (pour beaucoup d'enfants)
go	ʔyá
go out	pá
goat	ʔúhú
he-goat	bà ʔúhú
good	ɓāy
grave	wá ūs (quand la tombe est comblée)
	zə̀rà mát (avant qu'elle ne soit comblée)
grind	zùʔù (piler)
	hùtù (écraser)
grinding-stone	və̀nà
hair	ngə̀sā̰
hand	ɓá
harefit	fítí
head	wá
hear	múɲ
hedgehog	kúsōm kít
hide	péʔé
hole	zə̀rà
hollow out	ɟàr
horns	mēkē
horse	ndàʔ
hot	kūkú
hunger	méʔé

hunt	tá gwòbò
husband	ndzì
hut	zà
hyena	gwàrày
jaw	gámdzēy
jump	dàm
kill	sí
knee	tsīndzìf
kneel	káp tsīndzìf
knife	ʔítsú
know	yí
laugh	másá
leg	sém
lick	táná
long	dzèràk
look for	ɗébé
louse	ʔátár
make (do)	gìr (faire)
	ré (fabriquer, construire)
man	hèmàndzì
mat	lāʔá
meat	ɗēw
medecine	wá ʔásà
monkey	bùkwōm
moon	tēr
mortar	zùʔù
mosquito	bùbùrùm
mother	yā
mountain	gwòyʔ
mouth	vùn
nail	ŋgìɗē
name	sém
navel	ʔúfù
neck	dèrèy
new	mbìrèw
night	ndùfūn
nose	tsīn
oil	mbūr
one	ɗáw

path	vàrí
person	sū (sg.) súndò (plur.)[1]
pound	zùʔù
pour in	ʔyér (qqch de liquide)
out	ŋwèy (qqch de solide)
pull	ɟàm
quiver	dzìp
rain	bùŋōr
ram	bà tsímē
rat	kwéydōm
ripe	dzèŋ
roast	wór
	tsú
root	sér ʔúgù
salive	mēʔē vùn
sand	ɲēɫē
scorpion	ndə́rwā
see	yì
seed	sə́lā
sell	ndùnò
sew	kápá
sheep	tsímē
show (something)	dìʔì
sit (down)	súk
skin	ɗíкé
slave	ɓèk
sleep	bàr sēn
smoke	ʔyéw
snake	ùnùʔù
sneeze	pé pīrкí
snore	ɫír (sēn)
son	vày ndzì
spear	dzèm

1- Pour le groupe Masa la racine reconstruite est *sm. Formes attestées en nord Bauchi: sum, sy, sə̀na.

spin	sát
spit	túf mèʔ ē
stand	tsár á sém
stand up	tsár
steal	ƙé hūró
stone	gwòyʔ
sun	fə́tá
surpass	ngò
swallow	sáʔá
sweep	ɓá
tail	tséw
take	ʔám
teach	ŋwòm
ten	gùɓù
testicles	gʼèl
thigh	yā gùrèy
three	híndzìʔ ì
tongue	sílĭ
tooth	séʔé
tortoise	gùgùrèy
tree	ʔúgù
two	hwōɓō
untie	ʔíléy
urinate	ʔwéy dzùbùr
urine	dzùbùr
vein	sítè
vomit	vìnèʔè
wash (body)	mbìs mbì
(things)	kwóɫó
water	mbì
weep	síʔí
white	ɓūɓú
woman	má
cold	sóʔó
big	tóŋ
small	ndę̀
finish	ndòʔ
honey	ʔyém

tie	dzèw
fear	né ùhùlòk
back (of body)	dùɓù
chin	dzīm
corpse	mātā
liver	dùk
old	kə́sáʔá
lion	lúm
open	ɓúk
carry(load)	zìʔì
grass	ʔə́sà
hoe	kə́rvà
leaf	ɬápá
morning	bə̀kà
place	rī
shoe	tāp#rák[1]
throw	gè (général)
	dòʔò (lance, sagaie)
	kápá (lance)
	ɗáʔá (des pierres)

1- Peut être d'origine berbère ou égyptien ancien selon le
Professeur Gouffé. Reconstructions proposées: *trk, *krp.
Le mot hausa pour sandales est: takalmi; en mulwi (... Tour-
neux) horɓok et nous avons trouvé dans La langue pirom de
L. Bouquiaux le mot takpák "soulier, sandale".

PAULE BOUNY

INTERVENTION AU SEIN DU GROUPE DE TRAVAIL SUR LA
RECONSTRUCTION D'UN PROTO-TCHADIQUE
À PARTIR DE LA LISTE DE 225 ITEMS PRÉSENTÉS PAR L'ÉQUIPE DE MARBURG

Dans le cadre de la recherche des racines lexicales d'un proto-tchadique, nous avons présenté certaines listes qui nous semblent pertinentes, <u>dans le lexique kotoko</u> .

Pour la reconstruction de la racine de " manger " , nous avons les lexèmes suivants .

     s'ə m m   " mange!"

     s k'ə m m   " faim"

  w à - s'á m m   " nourriture " = " les choses que l'on mange"

     w ù ʔ s'é   " boule "

Pour la racine " entendre "
nous avons en kotoko :

     ɫ'ə m   " nom "

               " oreille "

     ɫə m é;s ì   " feuille " = " oreille de l'arbre "

     ɫ ì ŋ g'á   " entendre "

     ɫə ŋ g'á   " entends "

Pour la racine " viande - chair "

     ɫ'ù   " viande "

     ɫ'à   " vache "

     ɫ à sə́d'ù m m   " taureau "

     ɫ à rə́n n'à   " buffle "

Pour la chaussure sont attestées en kotoko les mêmes racines que dans les autres langues tchadiques :

     h ə l b'ò
     k ì r á p c ʔ á   Paris. Septembre 1977

HENRI TOURNEUX

LE PRÉFIXE NOMINAL a- EN MULWI

La présente étude est une simple description synchronique. Aussi nous sommes-nous interdit de recourir à la comparaison avec d'autres langues tchadiques, ou même avec d'autres dialectes du musgu. Le préfixe a- a été dégagé par simple comparaison interne.

Le rapprochement des doublets suivants permet de dégager un préfixe a-, de valeur indéterminée :

bà:lâŋ	àbà:lâŋ	"éclat de pierre ou tesson de poterie"
bùmì:	àbùmí:	"termite"
lígĭŋ	álgĭŋ	"Diospyros mespiliformis EBENACEAE"
lívì:	álvì:	"Ziziphus mauritiana RHAMNACEAE"
lùwúŋ	àlùwúŋ	"arbre, bois"
nìnìf	ànnìf	"mucus qui enrobe le nouveau-né"
rà:	àrê	"fleuve"

On trouve par ailleurs un cas de doublet a-/e-, dû probablement à une assimilation vocalique régressive :

àlèmê	èlèmê	"Combretum glutinosum COMBRETACEAE"

Il est toujours délicat d'attribuer à un affixe résiduel une valeur classificatoire; aussi ne le ferons-nous pas. Cependant, on ne peut pas ne pas remarquer une certaine structuration du champ sémantique des lexèmes précédés du préfixe a-. Voici

les résultats de nos observations empiriques, portant sur 200
lexèmes à initiale a. On trouve parmi eux :

51 termes désignant des végétaux ou des parties de végétaux.

49 termes désignant des animaux

23 termes désignant des éléments naturels (brouillard, charbon,
   feu, fumée, graisse, halo, poussière, suie, terre etc.)

22 termes désignant des parties anatomiques.

17 termes désignant des objets fabriqués (bague, collier, gourde,
   pagaie, piège etc.)

13 termes désignant des réalités spatio-temporelles (points car-
   dinaux, saisons...)

11 termes désignant des humains.

Ainsi se trouvent regroupés 186 des 200 items (93%) commençant par la voyelle a-.

Echantillon de lexèmes à préfixe a-

ábǎw	"cucurbitacée sp."	à'bùl	"cuisse"
àbàꜝlâŋ	"éclat de pierre ou tesson de poterie"	àdǎl	"femme célibataire"
ábdù	"Orycteropus afer"	ádàw	"Dioscorea bulbifera DIOSCOREACEAE (?) Manihot utilissima EUPHORBIACEAE"
àbǐl	"(une) vague"		
àbȝé	"Protopterus annectens LEPIDOSIRENIDAE"	ádìm	"dont la grossesse se prolonge anormalement"
ábrèȝè	"collier, bracelet"		
ábrèm	"Acacia polyacantha var. campylacantha MIMOSACEAE"	àdìꜝ	"mère du père ou de la mère"
àbǔm	"sexe de la femme"	ádìgàŋ	"Morelia senegalensis RUBIACEAE"
àbùmí:	"termite"		
ábù:	"outarde"	àdìŋ	"mortier"

ádǐr	"harpe"	àgùló	"gourde sp."
ádǐr	"Ficus ingens MORA-CEAE"	ágùnày	"femelle qui n'a pas encore porté"
àdló	"ver ; chrysalide"	àgù:là	"grand voleur"
ádmàr	"halo ; cercle"	àgús	"aigle"
àdmê	"bélier"	àhá	"à la maison"
àdùwáy	"mouche"	àhàráy	"pagaie"
à'díf	"personne humaine de sexe masculin"	àhày	"(au) nord, en bas"
		àhéŋ	"lie de bière"
à'díkét	"autruche"	áhíny	"écureuil"
à'dúk	"Echinochloa sta-gnina GRAMINEAE"	áhǐr	"mange-mil sp."
		àhí:	"fils (ou) fille"
àfàt	"saison chaude"	àhìráw	"léopard"
àfkês	"jeune bouc"	àhóny	"Prosopis africana MIMOSACEAE"
àftî:	"terre"		
àfú	"feu"	àhùlî:	"Leptadenia hastata ASCLEPIADACEAE"
àgàlgà'bà	"margouillat"		
àgáɬ	"internoeud de sor-gho à canne"	àhùrlûm	"escargot"
		àkéŋ	"Canis aureus, cha-cal commun"
ágàm	"Khaya senegalensis MELIACEAE"		
		àkléŋ	"piment-oiseau"
àgás	"arbre sp."	ákóŋkóló̞ŋ	"oiseau-pêcheur sp."
àgî.ní	"dehors"	àkòrkótô	"Tetraodon fahaka TETRAODONTIDAE"
ágîyám	"genre TAPINANTHUS LORANTHACEAE"		
		àkóró	"gros palmipède noir"
àgìyíŋ	"fumée"	ákó:nó	"Hyphaene thebaica PALMEAE"
áglàr	"Acacia seyal MIMO-SACEAE"		
		àkùlúm	"bague"
àgòrgò'dò	"coque du noyau du fruit du rônier"	álák	"endroit sec et sans végétation"
ágò:lôf	"Lannea humilis ANACARDIACEAE"	àlám	"terre humide"
		álàzày	"ascaris ; ver de Guinée"
àgò:này	"guêpe bleue"		
àgò:lé	"tige de mil"	àlés	"langue"
ágù	"piège-collet pour capturer oiseaux et lézards"	álgǐŋ	"Diospyros mespili-formis EBENACEAE"
		álî:	"girafe"
ágùl	"coeur"	álògodò	"poussière"

àlú   "pus"

àlùwúŋ   "arbre, bois"

àɫèmê   "<u>Combretum glutino-</u> <u>sum</u> COMBRETACEAE"

àɫĕt   "foie"

àɫì'dí: "<u>Alestes baremoze</u> CHARACIDAE"

áɫàγ   "<u>Sorghastrum tri-</u> <u>chopus</u> GRAMINEAE"

áɫèm   "<u>Hibiscus asper</u> (?) <u>Hibiscus Sabdariffa</u> MALVACEAE"

àɫèŋɫé'bê   "mousse, écume de bière de mil"

áɫìgáŋ   "<u>Celtis integrifolia</u> ULMACEAE"

àɫŏr   "trompe d'éléphant"

áɫùr   "<u>Capparis ssp.</u> CAP- PARIDACEAE"

álvì: "<u>Ziziphus mauritia-</u> <u>na</u> RHAMNACEAE"

àmàf   "taon"

àmàlbùbùŋ   "crapaud"

ámàrgásâ   "<u>Vossia cuspidata</u> GRAMINEAE"

àmăγ   "(au) sud, en haut"

ámá:bànà   "camarade"

àmĕl   "graisse, beurre, huile"

àmĕt   "canard armé"

ámíl   "<u>Viverra civetta</u>, ci- vette"

ámí: "mère"

àmíŋ   "noyau du furoncle"

àmìr   "peau"

ámìrmì: "petite fourmi noire qui pique très dur"

àmìrnínî: "<u>Malapterurus elec-</u> <u>tricus</u> MALAPTERURI- DAE"

àmláγ   "dedans"

àmŏk   "corne"

àmsàγ   "saison de la récol- te (novembre-janvier)"

ànàlám   "latex"

ánàγ   "arachide"

ànèrék   "cheveux blancs"

ànèrék   "sangsue"

àné:nè   "dehors"

àním ·   "sein"

ànnìf   "mucus qui enrobe le nouveau-né"

ànúk   "brouillard très épais"

ànùrnó   "<u>Ximenia americana</u> OLACACEAE"

àŋìl   "piquet où l'on at- tache les vaches la nuit"

áŋkút   "brouillard"

áŋòrkótó   "<u>Grewia villosa</u> TILIACEAE"

áŋòyò   "<u>Mellivora capen-</u> <u>sis</u>, ratel"

àŋvà   "filet de pêche"

àŋvàγ   "marigot"

àŋvèŋ   "charbon de bois"

àŋyíf   "sorgho à canne"

àŋzàmá   "<u>Oryza barthii</u> GRAMINEAE"

áŋzàw   "crin ; ensemble de petits collets fixés sur un châssis, pour capturer des oiseaux"

àŋzí: "jambes"

àŋzìmìŋ "pousse de rônier"

àŋɲìt "suie"

àŋzùwây "nez"

àpàf "endroit où la nappe phréatique est peu profonde"

àpìyà "saison des pluies"

àpí: "père"

ápsá "début de la saison froide"

àràpàf "Acacia albida MIMOSACEAE"

àrâw "genette"

àráy "yeux, visage"

àráy "eaux, liquide amniotique"

àráy "bras temporaire d'un fleuve"

àrà:ràw "Tilapia sp."

àrê "fleuve"

àrgáy "tête"

àrgìŋ "poterie à col étroit"

àrìŋ "nasse sp."

àrnàŋ "Hibiscus diversifolius MALVACEAE"

àrsúk "sueur"

àrû "intestin"

àrwày "enfant"

àrvàŋ "placenta"

àskí: "Hyparrhenia dissoluta et Diectomis fastigiata GRAMINEAE"

àsùwéŋ "Acacia sieberiana MIMOSACEAE"

àtèktérêk "Hystrix sp., porc-épic"

àtéŋ "sorte d'herminette pour dépolir la pierre plate de la meule"

àtlá "graminée sp."

àtùrló "Canis adustus, chacal à flancs rayés"

àvàtây "lapin"

àvàyây "Cymbopogon giganteus GRAMINEAE"

àvék "herbe (générique)"

àvèlék "feuilles de Vetiveria nigritana GRAMINEAE"

àvèléwêŋ "coquille (d'escargot, par ex.)

àvèŋ "charbon de bois"

àvèŋvèŋ "guêpe maçonne"

àvlìʔ "moustique"

àvrík "singe (générique)"

ávrìk "bulbe du genre NYMPHEA, NYMPHEACEAE"

àvrìyà:kú "singe (générique)"

ávrì: "Mormyrops deliciosus MORMYRIDAE"

ávùrvùlí: "tourbillon"

àwàl "moment"

àwàpây "lièvre"

àwàràɲhù "chenille urticante"

àwéŋ "fourmis processionnaires"

àyák "nervure de la feuille de palmier doum"

àyàrày "Stylochiton ssp. ARACEAE"

áydǎw	"collier"	àzèŋzéwê	"libellule"
àyèmê	"Vitex doniana VERBENACEAE"	àzŏk	"muselière pour les veaux"
àyîr	"cheveux, poils"	àzùgŏŋ	"Tilapia spp. CI-CHLIDAE"
áyór	"Sclerocarya bir-rea ANACARDIACEAE"	à:kól	"maillet"
àyúk	"plante sp.= arabe siqqet"	à:mî:	"miel, abeille"
àyùwíˀ	"criquet"		
àzàmá	"Oryza barthii GRA-MINEAE"		
ázèŋ	"Phacochoerus aethio-picus, phacochère"		

Saint Hilaire des Landes le 20 septembre 1977

TABLE DES MATIERES